MES BIEN
CHÈRES SŒURS

Fiction & Cie

Chloé Delaume

MES BIEN CHÈRES SŒURS

Seuil
*57, rue Gaston-Tessier, Paris XIXe*

COLLECTION
« Fiction & Cie »
fondée par Denis Roche
dirigée par Bernard Comment

L'autrice a bénéficié du programme de résidence
d'écrivains en région Île-de-France pour cet ouvrage,
à la librairie Violette and Co et au Palais de la Femme.

ISBN 978-2-02-134711-1

www.seuil.com
www.fictionetcie.com

« La seule chose que toutes les femmes
partagent, c'est le fait d'être perçues
en tant que femmes et d'être traitées
comme telles. »
Julia Serano, *Manifeste d'une femme trans
et autres textes*

« Le coq est mort, le coq est mort.
Il ne fera plus cocodi cocoda. »
Chanson traditionnelle

Le crépuscule des guignols

Le patriarcat bande mou. Quelque chose est pourri au royaume de la flaque, les indices et symptômes croissent et se multiplient. À se regarder jouir de son impunité, le mâle alpha n'a pas vu surgir l'obsolescence de ses propres attributs et fonctions symboliques.

Vigueur, combativité, courage, maîtrise : les canons occidentaux antiques sont en cours de fossilisation. Le mâle alpha s'éteint, ses pouvoirs s'amenuisent. L'époque est historique et les faits indéniables.

Les critères et fictions virilistes se périment à mesure que la technologie se substitue à l'humain. Force et puissance physiques : les muscles de ces messieurs, l'automation s'en branle, drones et exosquelettes partout se greffent et se déploient.

Les formes et stratégies d'oppression séculaires s'avèrent déjà inefficaces. Intimider un algorithme ne relève pas plus de l'envisageable que de culpabiliser une base de données. Les logiciels sont insensibles au chantage affectif, l'intelligence artificielle hermétique aux effets de la testostérone.

Au contact de la quatrième révolution industrielle, la phallocratie devient soluble : tous égaux devant le chômage et les applications de rencontre. Des corps usés, nervures dissoutes, de la viande au rabais qui à force de râteaux s'est tellement attendrie, c'est dur de distinguer l'identité sexuelle de la chair à pâtée, quel que soit le marché sur lequel elle échoue.

Le couillidé ne contrôle plus rien mis à part la taille de sa barbe. Les jeunes filles codent et les enfants rient de la fable du chevalier. Évolution des mœurs et des pratiques de vie. Sur les écrans, trop de héros ; dans la réalité, protéger est un verbe qui ne se conjugue plus qu'à l'échec antérieur.

Le mythe du papatron pilier sécuritaire se consume à même la souche, en sachant le roi nu, personne ne se veut plus prince. Un sceptre, une dynastie. Faillite pour héritage et anosognosie, des châteaux en hospice avec vue sur le bilan carbone, la corruption transmise de gourdin en gourdin. Les trésors de papy, la jeunesse le remercie, mais elle n'a pas de placards dans sa colocation.

C'est l'histoire d'une espèce qui se regarde dans le miroir sans admettre que son visage est celui de Donald Trump. Ni que le monothéisme lui fait une vilaine peau. C'est l'histoire de la chute du vieux papatronat à l'heure où la puissance ne sait plus dans quel corps elle devrait s'incarner. C'est l'histoire du pouvoir qui, soudain, change de camp.

Au commencement était la Toile, le couillidé pris dans ses fils. Sélection sous tweetelle et concurrence virale. Bouleversements et crises, environnements pluriels, numérique et virtuel ;

maintenant dans l'open space tout le monde entend crier.

Abois, effondrements. Certains y voient une traque. Déplorent que désormais, au bureau, niveau ambiance, avec ces hystériques on ne peut plus faire une vanne, c'est pas la fête du slip. Certainement, c'est une traque. Spécimens prédateurs, autres mains autres triques, dans les bureaux des femmes, en même temps que l'alarme un cor sonne l'hallali.

Depuis que s'est craquelé le lac d'indifférence, par un trou dans la glace les cadavres de stagiaires refluent à la surface. Une odeur de sirènes en décomposition, bacchanales faisandées de promesses frelatées, les Narcisses repêchés empestent la naïveté et les larmes croupies. C'est une vraie infection. Le lac d'indifférence, plus personne n'y patine. On fait plutôt un tour du côté de la presqu'île pour surfer sur les prochaines vagues de licenciement.

Équité absolue, précarité partout et privilèges nulle part. Face à la fin d'un monde le sexe importe peu et tout fait mauvais genre. Transition observable, pas besoin d'être sibylle pour lire dans les entrailles des selfies retouchés.

Libéralisme sauvage, le capitalisme est autophage, dupliquer c'est périr, il faut être créatif pour éviter ses crocs. Devenir de sa vie l'auto-entrepreneur est le seul projet viable, l'abattement est fiscal et le modèle à trouver. Extensions des domaines, carte des luttes, territoires. Le numérique, le virtuel.

Miroir mon beau miroir, combien ce matin, dis-moi, voient en moi des merveilles ? Surface sociale, médias de soi. En cherchant à la ronde dans tout le vaste monde, on ne trouvera pas de tweetelle plus cabossée que celle-là. Miroir mon beau miroir, toi qui tiens dans ma main et qui effaces les cernes, dis-moi combien regardent et combien applaudissent, montre-moi la cascade où les grands trolls vont boire, du nid des oiseaux bleus rapporte-moi les braises. Avatars en récits, qui suis-je en ma parole ? Au XXIe siècle, l'individu n'est plus du tout ce qu'il était.

La fictionnalisation de soi à échelle collective et internationale. Injonctions narratives, formats et séquences imposés, storytelling social au sein de la sphère privée, l'intime est politique et attend d'être liké. Tous égaux devant l'affichage, application face au carnage à se penser en emojis. Chaque jour se raconter, en rire ou en périr, ça dépend des journées. La singularité pour tous obligatoire. Le leadership se calcule au nombre de followers, exister peut mener très vite au burn-out.

La notion de labeur suit la redéfinition de celles d'emploi et de travail. Le salariat est mort, le mécénat souriant et les finances publiques à jamais en redressement. Sponsoriser sa vie et celles de ses enfants deviendra rapidement un réflexe naturel. L'instinct de conservation nuit à l'adaptation, la flexibilité est devenue nécessaire. Les corps et les esprits partagent le même objectif, désormais, hors tout genre, toute construction sociale et toute catégorie : servir et être servi en moins de trente minutes.

C'est l'histoire d'une espèce qui s'est crue le génie d'un miroir se fissurant. Conjonction de mouvements et de séismes multiples qui actuellement convergent. Mœurs et économie, société et outils, informations, savoirs, accessibilité, circulation, paroles, gestes et changements d'urgence sur planète agonique.

Binaire ou gender fluid, transition vers la mort, à chacun de gérer. Un queer vaut mieux que deux choléras, admettra grand-papa en regrettant que le Cloud ne puisse pas l'héberger.

Individualités partout, immunité nulle part. L'exil est impossible et l'abuseur cerné. Abrogations concrètes, dégraissage des usages. Désolée, ça sent le fauve, il est temps d'aérer.

C'est l'histoire d'une espèce qui ne sait pas s'adapter. Déplacements des enjeux autant que des espaces, intime privé public. Mutation des tissus sociaux, transformation de la cellule familiale. Famille pour tou.te.s, familles par tou.te.s. Des papas des mamans, une activité de groupe. Structures et liens s'inventent, adaptés, inédits, les noyaux se fissurent, les places se redéfinissent. Comme les identités. L'hétéronormativité elle aussi se dissout au contact du réel. Le propre du vivant, c'est de créer la surprise.

La chaîne de reproduction prône son autonomie, les ventres femelles le rappellent : qu'importe la poule ou l'œuf, l'essentiel dans l'histoire c'est qu'on se passe de coquelets. Les spermatozoïdes nécessaires mais discrets. Transmutation des mœurs et techniques génétiques. PMA, GPA.

Sélection éventuelle et concurrence totale. Quelque chose est pourri au royaume de la barbaque, des ventres trop nombreux, les cicatrices se dissipent au son des éprouvettes, elles font des enfants seules et s'échangent des recettes pour cuire leur placenta avec des petits oignons. À se regarder fuir en toute légalité, le mâle alpha s'est rendu, de lui-même, inutile.

Les organes se recyclent et le placenta s'avale une fois réduit en poudre, glissé dans des capsules de gélatine. Un condensé de fer et de vitamine B12, de quoi remettre en forme n'importe quelle jument venant d'être équarrie.

Du haut de la pyramide alimentaire, le couillidé perd ses dents et cela le chagrine, il y tenait beaucoup. Souvenir des incisives, en mémoire des parquets que nous eûmes tant rayés. Les organes se recyclent et le sperme se congèle. Les dents, des organes durs, implantés dans les os.

Avant de disparaître, peut-être que chaque espèce fait un dernier cauchemar. Famille pour tou.te.s et langue hachée, des hordes de créatures outrageusement vivantes gambadent dans le halo d'une gare-karaoké. Des ventres Airbnb sont à louer sur tablette, effacer un tatouage est bien plus difficile ici que de changer de genre, le train à destination des zones non mixtes est à l'approche voie racine carrée de 7 au cube. Avant de disparaître, peut-être que chaque espèce se demande pourquoi elle, maintenant, et pas plus tard.

Les pauses masculinistes scintillent dans le formol et les taxidermistes s'impatientent chez Deyrolle. Le mâle dominant découvre qu'autour de lui les femmes le trouvent moins attractif que n'importe quel gay. L'intime est politique et les enfants du queer s'amusent à touiller le trouble dans les chakras béants. Alchimie barbotante, Jeanne d'Arc et Gilles de Rais, Artémis Apollon et Ranma 1/2, invocations sorcières les sorts sont mis à jour, passer au micro-ondes puis plonger dans l'eau froide, ajouter du bromure et une pincée de mots dièse, les consciences en direct se mettront à bouillir. Le gras remonte à la surface, sa traçabilité étrangement translucide.

Des billes de vif-argent, des chenilles de mercure tordent leurs cheveux verts ; le thermomètre se brise dans un éclat de rire. Du vibro ou de la bite, ce que maman préfère, il suffit de demander. Tout l'or des coups de reins devient le chant d'un batelier, au creux des tables de nuit, le tiroir aux petites morts. Autonomisation de l'orgasme à l'échelle nationale. Le marché des sextoys poursuit son explosion, tandis que celui des piles alcalines progresse depuis dix ans sans que le quotidien ait été envahi de nouvelles télécommandes, ni d'appareils hi-fi sans prises câbles connexion. L'intime est politique, le clitoris en 3D et le tri sélectif.

L'environnement se meut, l'aube cette fois c'est certain dévore les crépuscules. Mœurs et techniques de vie. Les réseaux se déploient, extensions persistantes pour un changement de climat et des gueules d'atmosphère. La lutte des arcs-en-ciel, les combats remportés, le mariage des licornes ; révolution des cœurs, du nombre de leurs battements, aux marches des mairies. Étoffe triangle rose palpitante mémorielle rehaussée de sequins, le code civil à la main ou à la boutonnière. La lutte des arcs-en-ciel, il en reste des anges, tant de siècles et tant d'âmes broyées de ne pas répondre aux normes universelles de sécurité mentale hétéroplanifiées.

Avant d'être sur un char, festoyant la Gay Pride au milieu de leurs amis, c'était dans l'ambulance direction un-endroit-où-on-va-te-soigner que, sanglées de cuir, les licornes ruaient dans les brancards. L'homosexualité déclassifiée en France comme maladie mentale : juin 1981. Jusque-là pas le sauna, mais le sanatorium. Jusque-là quand une mère enfantait une licorne, elle avait des problèmes avec sa belle-famille.

Le mariage des licornes, le couillidé s'étrangle, du vent sur le parvis. Le sang des anges en grains de riz. Le parcours, la trachée, tonton pourquoi tu tousses pourquoi papa s'étouffe où est passé Charlie. Parfois, lorsqu'un anneau s'étrenne à l'annulaire d'un corps en transition, un fin duvet brumeux et humide gonfle le ciel. Les bustes de Marianne sourient et des cristaux de plumes virevoltent en courants d'air. Ça pique les yeux, de la neige de verre. Ce sont les anges martyrs, invertis double peine, les déchirés en deux, les nés dans une enveloppe de chair inadaptée. Sur leurs ailes les crachats ont été si nombreux, quand elle est culturelle la haine se sédimente. Le fantôme d'une coccinelle les regarde s'ébrouer, le ciel de la mairie se paillette, en nuée s'enchante un carrousel. Le mariage des licornes. Liberté et égalité, individus et citoyens. Certificat épouse épouse. Époux époux, qui fait la femme, se demande secrètement en les félicitant un membre de la famille.

Conjonction de courants et de tempêtes multiples qui actuellement convergent. Déplacement des urgences, analyse des lipides et du bilan carbone. Saturation de l'air, mesures face aux délits. Pas besoin de sortir de Delphes pour lire dans le marc d'hashtags, ni que les astres soient alignés. L'Apocalypse d'après Weinstein, l'avènement de la révélation, les cavaliers sont en peignoir et les porcs balancés dans un étang de feu.

L'extinction de l'espèce, avec elle un système, croyances et traditions. Le post-patriarcat n'est pas une utopie, et à l'ère numérique les espaces se multiplient comme le temps s'accélère. Les faits s'accompliront, mois à mois, décennies. L'autorité, déjà, comme la honte, change de camp.

De la cendre d'os de porc on fait la gélatine composant les capsules de nos médicaments. Le silence des agnelles, dedans, réduit en poudre. Le couteau sous la gorge et une langue dans la bouche, même les anxiolytiques deviennent durs à avaler. Des siècles de soumission, la voix basse et passive. Proie, pâture, cible ; à table, servez-vous tant que c'est chaud.

Révolution haut-le-cœur, le corps social se cabre de voir jaillir l'acide : ses ulcères sont vivants, les abcès en colliers se déroulent se dévident, perle à perle, fil à fil, des ongles percent les miroirs, la vérité éclate et partout se répand, paroles et gestes toxiques, digestion impossible, reflux en déferlante harcèlements agressions, un océan de tweets et la loi agitée.

L'Apocalypse d'après Weinstein : le réel se dévoile tel que le subissent les femmes. Toutes les femmes, quelle que soit la façon dont elles le sont devenues. Perçues comme femmes, traitées comme telles. Aucune classe sociale n'y échappe, au commencement était #MeToo. Enfin, presque. Depuis que les réseaux existent, la quatrième vague féministe derrière les écrans se préparait. Internet a libéré la femme là où Moulinex a échoué.

Secrets de bonne femme

J'écris de chez les féministes hétéros qui se maquillent. Je serais volontiers restée chez les lesbiennes, mais on ne fait pas toujours ce qu'on veut. J'ai été homosexuelle pendant dix-huit mois, un peu avant l'Apocalypse de 2012. J'écrivais alors de chez les *High-Fem*. C'est comme ça qu'on appelle les lesbiennes qui se maquillent et portent des escarpins.

Bisexuelle, pansexuelle. Sapiosexuelle. Des mots pour dire le corps je m'en fous. En seconde partie de vie assumer l'ineptie de toute catégorie n'est plus à l'ordre du jour. Quand Monique Wittig déclarait « La femme n'a de sens que dans les systèmes de pensée et les systèmes économiques hétérosexuels. Les lesbiennes ne sont pas des femmes », le mot lesbienne était entendu au sens politique, pas du point de vue de l'orientation sexuelle. Émancipation de la classe femme, féminisme marxiste, la femme est le prolétariat du prolétariat. En lutte contre le patriarcat, le queer est une arme efficace, je me range du côté des licornes arcs-en-ciel. Néanmoins, moi, le mot femme, je ne peux le déserter.

J'écris de chez les ex-bonnasses, les suffisamment cotées sur le marché pour avoir reçu des appels d'offres et avoir eu le choix des options. J'ai été pute pendant trois ans, c'était juste avant l'an 2000. On appelait ça hôtesse de bar ; la fellation sur place, la baise à emporter. Trois passes, une pipe, le tout sous plastique, en un soir ou deux hop, un smic. J'avais été hôtesse de caisse dans un supermarché, l'épuisement physique est atroce et le cerveau anesthésié. Les clients souvent vous méprisent, le chef du personnel vous fait porter des jupes, la cheffe de caisse commente votre manque de rendement. Nombre d'articles par minute, je n'étais plus personne, juste un corps complétant, fusionnant une machine, un corps arc-bouté, ses muscles tentacules au service du scanner. Je me suis fait licencier un vendredi après 20 heures. Par la suite j'ai appris que ce n'était pas légal, mais comme je venais encore de rater un de mes suicides, attaquer une enseigne de la grande distribution aux prud'hommes ne m'était pas apparu comme un projet inspirant au sortir de l'hôpital.

J'écris de chez les tox des boîtes à pharmacie, les thymo-déréglées, les internées, les dépressives, les maniaques, les bipolaires, les psychotiques, les obsessionnelles, les phobiques, les sur-émotives. Celles qui régulièrement arrêtent de suivre leur traitement et ont envie de se pendre passé moins d'une quinzaine. Celles qui compensent et décompensent, les boulimiques, hyperphagiques, celles que des gens croient enceintes tant leur ventre en peu de temps est devenu énorme. J'ai lu tous les regards sur mon corps, du lubrique au dégoût. Connu l'œil effaré qui saisit la vendeuse quand on lui demande si elle a cette robe en 44. Abusé de la patience dont peut faire preuve un homme face à des cils battant en 90B. Si j'ai reperdu du poids, c'est à cause de vêtements.

J'écris de chez les connasses qui font du shopping. Les adoratrices du vintage, les nostalgiques boudoirs cocottes, les esthètes de la penderie, les suicidaires de carte bleue hors soldes, celles qui parfois ne se lèvent que pour pouvoir s'habiller. Celles qui passent pour l'ennemie, qu'elles soient lesbiennes ou pas, dans n'importe quel milieu un chouïa militant à cause du sursapage. Que celles qui n'ont jamais subi un concert de djembés en sandales à talons cessent de mentir tout de suite.

J'écris de chez les vraiment toutes seules. Les orphelines, les nullipares, les célibataires à Paris. Celles sans attaches ni branches, qui dans le réel flottent. Qui s'écrivent à la craie, leur vie faite de falaises, qui ne savent pas qui prévenir en cas d'accident. J'écris de chez les sans-famille, celles qui doivent s'inventer chaque jour. De chez celles qui en rigolent, c'est une question de principe. La faiblesse est toujours une maladie honteuse.

J'écris de chez celles qui ont des douleurs menstruelles effroyables, des bouffées de chaleur précoces, et qui n'osent plus s'en plaindre de crainte d'être traitées d'essentialistes. Celles qui culpabilisent de ne pas être assez fortes, celles qui ont mis longtemps avant de crever leur trouille. Celles qui perçoivent une sœur dans le cœur de chaque transexuelle et admirent leur courage au point de puiser dedans. Devenir celle que je voulais, personnage de fiction.

J'écris de chez les chieuses, les princesses hystériques, authentiques drama queens, le donjon de la Reine de pommes. Les tellement meufs que dépassées, trop à l'aise avec leur féminité, dans le débat public obsolètes. Celles qui paraissent suspectes d'avoir trouvé leur place, celles qui doivent avoir honte d'être des proies faciles. Celles qui devaient s'adapter pour ne plus être des cibles. Celles qui désormais voient qu'elles sont partout légion, mais ne savent pas tellement, une fois quittés le clavier et l'écran, comment faire pour qu'enfin le réel se modifie.

J'écris depuis vingt ans. En France, aujourd'hui, les écrivains, c'est seulement 30 % de femmes. Le langage a toujours été une chasse gardée. Qui possède le langage possédera le pouvoir. La vérité des faits est dans Lewis Carroll, *De l'autre côté du miroir* : « La question, dit Alice, est de savoir si vous avez le pouvoir de faire que les mots signifient autre chose que ce qu'ils veulent dire. La question, riposta Humpty-Dumpty, est

de savoir qui sera le maître, un point c'est tout. »
Je suis maîtresse en ma parole et pour le partage du pouvoir. Le langage, le choix de chaque mot, relève du politique. La question est de savoir comment s'en emparer.

Racines & formation

Je me suis toujours sentie féministe, avant même de connaître le mot. La volonté d'amélioration et d'extension du rôle et des droits des femmes dans la société, je ne pouvais pas y échapper. Condamnée dès l'enfance, en observant ma mère appliquer son fond de teint pour camoufler ses bleus. Les conséquences de la domination masculine dans les sphères privée et publique, lorsqu'on devient orpheline après ce qui était nommé à l'époque un « drame conjugal », c'est un peu difficile de passer à côté. Le vrai mot, c'est uxoricide ; en latin, *uxor* c'est l'épouse. Uxoricide suivi de suicide. Et pas « Elle voulait le quitter ». Alors évidemment.

La misandrie s'est imposée, effets directs et réflexes, protection, lignes maîtresses, grille de lecture du monde. La misandrie, du grec *mîsos*, haine de soi, et *anêr*, homme. Je me suis construite contre les hommes, c'est compliqué de tuer le père quand il s'en est déjà chargé. Le danger, la violence, le potentiel meurtrier de chaque individu mâle : évaluation systématique du risque maximal avant de communiquer. Je les imaginais en situation de rage extrême, ne me liant avec aucun à même physiquement d'étrangler à mains nues.

Prudence étant mère de sûreté, j'ai passé mon adolescence au contact de tribus gothiques afin de sécuriser périmètre et zones de contact. Des garçons frêles, sensibles et dépressifs, nerveux mais incapables, quand bien même à l'acmé d'une infinie fureur, de massacrer autre chose qu'un morceau de The Cure.

J'aurais aimé que ça s'arrête là. Qu'une fois mon rapport intime à la domination masculine géré, réglé, le regard que je posais autour de moi se retrouve délivré du mode paranoïaque. Lecture fluide et lucide, observation du rapport hommes/femmes tranquillou. Sauf que.

Le pouvoir était aux mâles alpha, blancs ou pas, mais aux mâles alpha. Une poupée yeux bandés répond à leurs attentes, ou mieux : les anticipe. Un système de pensée jamais remis en cause. Mécanique implacable, aussi bien qu'inconsciente ; autour de moi, il n'y avait que dans le Top 50 qu'on trouvait des femmes libérées. Dans ma famille, autant que dans celles de mes camarades du collège, au collège même, au lycée, dans la rue, les magasins, les magazines, les publicités, la télévision, partout où je posais les yeux, les femmes étaient, d'une façon ou d'une autre, infériorisées, exploitées, abusées.

Dans l'espace privé et public, un être vivant soit, mais surtout domestique. Une sorte de servante, soumise et disponible, une poupée qu'on bascule et qui ouvre les yeux juste pour accoucher et tenir la cuisine, une poupée qui ne dit non que dans les chansonnettes, qu'on place et déplace, qu'on palpe et manipule, propriété de l'homme à l'égal d'une esclave, un objet ménager à usage personnel dont l'homme dispose afin de dîner et d'éjaculer à l'heure qui lui convient dans de bonnes conditions. C'était ça, la représentation de la femme, dans mon milieu social tout le monde s'y conformait.

Scène de la vie de banlieue. Le soir, partout en France, les années 1980 devant la télévision. Quotidiennement : *Cocoricoboy*, une émission de divertissement proposée par TF1 et animée par Stéphane Collaro et sa joyeuse équipe de sacrés rigolos. Un *Playboy* parodique, des sketchs dans la pure tradition du comique troupier français. Le samedi, devant la playmate de la semaine, c'était en famille, parfois avec des amis de la famille venus dîner ou prendre l'apéritif, que l'on commentait le striptease de la fille qui s'y collait.

J'ignore de combien était le cachet des playmates, ou quel était leur niveau de conscience quant à ce qu'elles déclenchaient au creux des HLM. Et peut-être même ailleurs. Cela étant, ailleurs, les pères de famille frustrés mais aisés avaient les moyens de louer une pute ou une des premières VHS pornos. Et les plus éduqués ne regardaient pas la télé, surtout à l'heure du repas, et se refusaient au vulgaire. Du coup, ce que je raconte, au sujet de la playmate, sociologiquement, ça ne concerne que les beaufs. Cela étant, en France. Sans compter que, tout de même, j'étais sur le terrain.

Scène de la vie de banlieue, à la télévision, des sketchs rigolos en costume, sur le plateau chaque semaine, au milieu d'un décor cocasse où gesticulent l'animateur et son équipe, une fille se déshabille. Quand on lui touche un sein, c'est pour y faire pouet-pouet, l'ambiance est bon enfant, Guy Montagné et Jean Roucas irrésistibles. Sur le plateau, les comédiens tirent la langue bavent se battent, feignent un infarctus, aboient à genoux. Les comédiennes s'indignent, s'interposent, leur masquent les yeux ou les assomment ; parfois sortent leurs lunettes, jaugent le corps de l'effeuilleuse, prennent une mine convaincue.

Tous grimacent en silence, les micros sont coupés pour ne pas parasiter le générique de l'émission, également disponible en 45 tours. Interprété par les coco-girls sur une orchestration funk de Jean Schultheis, *La Playmate* résonne dans les foyers de France le samedi soir, avec son texte incantatoire, soupiré et joui dans le micro. *Huumm Hello Wouaah Han Han/C'est Cocoboy, Now, OK ?/Huumm Hello Wouaah Han Han/C'est Cocoboy, Now, OK !* Un truc à faire dégueuler Émile Louis et débander les priapiques, même si personne n'a essayé.

Scène de la vie de famille, représentation de la femme, espace privé espace public. *Now, OK ?* Ne me dis pas que ça t'intéresse, quel vieux cochon, c'est pas possible. Mais Bibiche pousse-toi de l'écran ton père n'était pas vitrier. Rince-toi bien l'œil, surtout, profite. *Now, OK !* Reconnais quand même ma biquette que c'est de la jeunette bien roulée. Tu parles, une traînée qui bouffe rien, de près on y voit les côtes. Pousse-toi je te dis, sois pas jalouse. Pour se foutre à poil à la télé, il faut être une sacrée salope, en plus elle a les seins qui tombent. Cette pauvre fille ne t'a rien fait. C'est du propre, et devant les gosses. Mais personne ne fait rien de mal, on a quand même le droit de regarder la télé dans cette foutue baraque. Généralement, ensuite, les gosses singent le striptease *C'est Cocoboy, OK ?* en poursuivant leur mère qui se réfugie en pleurs dans la cuisine après avoir jeté par terre son tablier.

Dans tout l'immeuble, à la même heure, ce sont les mêmes cris sur *Now, OK*, les mêmes rires gras, le même malaise. Puis le silence est gluant, les hommes s'enferment dans les toilettes et y restent plus ou moins longtemps. Ils tirent la chasse d'eau en sortant, les canalisations s'activent. Ils tirent la chasse d'eau en même temps, pas précisément au même instant, mais tout l'immeuble retentit de ces chasses d'eau qui sifflent d'être lentes à se remplir. Après viennent les robinets, lavabos ou éviers, les chauffe-eau qui s'allument, partout ils se lavent tous les mains, ensuite on passe à table. Et à tous les étages, le repas est trop cuit et les jeunes filles distantes. Mis à part chez ma tante. Plutôt que d'assister à une bataille perdue d'avance, elle surveillait le rôti que ses larmes rendaient moelleux et guettait la caresse de son maître contenté.

La culture populaire française, avec son sens de la gaudriole, des seins nus offerts aux pouet-pouet et autres gestes déplacés sous couvert de truculence, mine de rien, ça influe drôlement. La représentation de la femme dans les années 1980, peut-être pour les adultes, c'était la working girl. Mais pour les collégiennes, c'était Samantha Fox, et je n'ai pas eu de seins avant mon année de terminale. Par contre, le mot féministe, je l'ai appris en 5e, par la bouche de ma tante. Inconnu et néfaste, craché plus qu'une réponse, une insulte maudite, menaces et prophétie.

Elle clamait qu'elle s'épanouissait en faisant le ménage, qu'elle se délectait du contact avec la serpillière, elle revendiquait de n'avoir pour but existentiel que le bien-être de son époux, car qui aime son mari prend plaisir à le servir. J'ai dû aller trop loin, sûrement un *Now, OK ?* Elle a dû hésiter à me donner une claque, préférant soudainement se changer en oracle devant la gazinière : « Les filles comme toi sont incapables de se satisfaire de leur place, regarde ta mère, où ça l'a menée, toi tu es pire, t'es féministe. Les féministes terminent vieilles filles, réfléchis bien à ce qui t'attend. »

Jamais je n'ai eu aussi peur en consultant *Le Petit Robert*. Je croyais qu'il s'agissait d'un terme psychiatrique, d'une forme de perversion mentale handicapante supplémentaire. Un syndrome, un symptôme, merci de prendre tes gouttes de ne pas claquer les portes c'est ça reste dans ta chambre et surtout mets ton casque y en a marre d'Indochine. En vérité j'étais juste « partisane du féminisme », une « doctrine qui préconise l'extension des droits, du rôle de la femme dans la société ». Une doctrine étant un « ensemble de notions qu'on affirme être vraies et par lesquelles on prétend fournir une interprétation des faits, orienter ou diriger l'action », j'étais peut-être prétentieuse, mais il n'y avait pas de quoi en faire une maladie.

Ce n'était pas moi qui zinzinait, c'étaient mes adultes référentes. C'étaient elles qui étaient malades. Cette gamine est paranoïaque, un complexe de persécution, dans une autre réalité, un complexe de supériorité, comme sa mère, tellement orgueilleuse, mais bordel ne claque pas les portes c'est pour ton bien qu'on te dit ça. Le cercle familial comme leur cercle amical, déclinaison du même modèle. Celles qui ne restaient pas au foyer concoctaient durant leurs week-ends des plats en sauce à surgeler ; mener de front sereinement travail et vie de famille nécessite de manier les variantes du gratin et de gérer par couleurs le contenu des Tupperware.

Atteintes du syndrome de Stockholm, décervelées par ce système où les hommes les placent et déplacent. Adulant le bourreau étalon, astiquant et lustrant leurs chaînes, ça sécurise d'être dominée. Reproduisant et n'aspirant qu'à reproduire à l'identique. Reviens à table, sois pas idiote, moi à son âge j'étais pareille je croyais vouloir que ça change et puis j'ai rencontré Robert, mouche-toi et va te laver le visage, elle comprendra quand elle sera mère, quel cinéma c'est pas possible, j'avais de mauvaises fréquentations une fois j'ai même fumé du haschich, rends-toi utile sers le dessert, est-ce que tu connais ses amis, les petites assiettes placard de gauche, elle parle d'Indochine avec des Portugaises et est déléguée d'une classe pleine d'Arabes, la crème anglaise est dans le frigo, la maison c'est pas un moulin heureusement ça elle l'a compris, les couvercles bleus c'est les potages et ça c'est de la sauce béchamel c'est pas possible d'être aussi conne, viens t'asseoir et arrête ton cirque, claque pas les portes ça les esquinte, à part détruire elle sait rien faire, irrécupérable cette gamine.

Elles ne m'écoutaient pas. D'ailleurs dans cette famille, personne ne m'écoutait. Racontez-moi, alors. Racontez-moi, mesdames, autre chose que le jour où tout a basculé parce que vous êtes devenues ensuite épouses et mères. Autre chose que la fois où au bal du village, sur la place du marché, en sortant du lycée, en plein milieu de la guerre, de la poste, de l'usine, de la banque, du magasin, Félix Potin, on y revient, un été porcelaine maison d'hôtes dans le Jura, un hiver un peu tard devant le café des Sports. Autre chose que comment, en dépit de son plumage perché et de sa belle voix, c'est grâce à votre ramage, par l'odeur alléché du soufflé au fromage, que vous avez ravi le Maître de ces bois et ne vous sentez plus de joie dans ce pavillon Phénix.

Transmettez-moi, mesdames, vous qui êtes mes aînées, un peu de notre histoire. La première fois que les femmes votent, c'est le 29 avril 1945. Mamie, fais un effort. Moi, ça m'intéresse plus que la dose exacte de vinaigre nécessaire au déglaçage des échalotes qui fait le secret de ton beurre blanc. Racontez-moi mai 68, les soutiens-gorge brûlés, les amours de barricades, les pavés sur les flics et les marchands de sable. De vous j'aimerais apprendre, coulisses des cours d'histoire et des manuels scolaires, paroles documentaires, je souhaite me renseigner.

Hélas dans cette famille, quand bien même élargie au-delà du par alliance, les seules personnes alors en âge de manifester l'avaient fait le 30 mai sur les Champs-Élysées pour soutenir de Gaulle et enfin en finir avec cette comédie. Et pour ce qui est des soutiens-gorge, de la dentelle noire à ton âge, désolée, mais ça fait putain. Ce qui les unifiait, les femmes de cette famille, c'était la haine des femmes qui pensaient autrement, c'est-à-dire par elles-mêmes. J'étais prête à terminer vieille fille, si c'était le prix à payer.

Un asservissement volontaire. Et avec ça, le déni, le silence, l'invisibilité. Je vous parle d'un temps où bien sûr Internet n'existait pas encore. Le féminisme 2.0 encore moins. La violence était déjà là, dans la rue ils sifflaient davantage, me semble-t-il, avant que les insultes ne fusent. Statistiquement, dans l'ordre, source

Ined : *salope*, *sale pute*, suivis de *sale connasse* ou *vieille connasse*, en fonction de l'apparence physique. Dans le bus et le métro, les frotteurs anonymes, la bosse dans le pantalon, leur souffle nous brûle la nuque et de retour chez soi, sans trop savoir pourquoi on se met, sous la douche, soudainement, à pleurer.

Je vous parle d'un temps où les termes de harcèlement et d'agression sexuelle n'étaient pas employés. Les squares avaient souvent leurs exhibitionnistes, on disait aux petites filles de ne pas trop s'éloigner et de ne jamais parler aux messieurs inconnus. De partir en courant, de crier très très fort, de prévenir sa maman, un adulte, la police. L'homme en imperméable, l'homme qui d'un geste brusque ouvre son imperméable, le coucou la surprise, ce n'est plus à la mode, un usage dépassé. Perversion mise à jour, ils n'ont plus à prendre froid pour surprendre leur victime, panoplie obsolète, gogo Skype, Snap roulette ; en pièce jointe ma bite, c'est Photoshop le patron.

Le harcèlement de rue, comme celui au bureau. Le chantage à la gâterie, promotion canapé. Qui se veut amazone ne peut s'effaroucher, grimpe sur la hiérarchie et on va s'arranger, sèche tes larmes mon petit, il nous manque une stagiaire. Les remarques adipeuses, les œillades concupiscentes, les commentaires obscènes trempés de rires huileux qui en réunion ébouillantent. Cerveau, utérus frit et ego consumé. Les questions intrusives, les façons invasives, les haleines qui vous pressent contre la photocopieuse. Je vous parle d'un temps où tout cela existait sans jamais être nommé.

La France est un pays fier de son patrimoine et de ses traditions. La grivoiserie, mes chères, fait partie du folklore. Le graveleux, le licencieux, cet esprit rabelaisien, toute cette culture paillarde, ces histoires de jupons qui s'envolent depuis toujours avec ou sans tonnelle pour finir sous la table, ces refrains de Madelon qui viennent servir à boire, le repos du militaire ou celui de Poupoule pendant le café-concert, le champagne et Paris, ses petites femmes, Pigalle, les vignobles de nos régions qui ont tant de talent et un sens de l'humour porté sur le pouet-pouet. Une tradition ne peut être néfaste, dans la tradition tout est bon, personne ne peut prouver le contraire et surtout pas les socialistes et leur chiennasse d'Édith Cresson.

Je vous parle du temps de mon adolescence, 1985-1991, de 12 à 17 ans, des banlieues parisiennes, assignée à une vie qui ne pouvait être la mienne. De la difficulté, face au conservatisme, d'expliquer que non vraiment, je ne trouve rien d'anormal à ce qu'une femme dans ce pays devienne Premier ministre, pourquoi pas même présidente. Et que, si aux États-Unis ils élisaient une femme présidente, le problème des règles douloureuses serait étudié par la NASA, les laboratoires au taquet, et la question ne se poserait plus.

Je vous raconte comme je peux, j'assemble et réagence des fragments minuscules. En seconde partie de vie, peut-être au dernier tiers. Les propos d'un grand-père obèse et alcoolique qui s'est caché dans les toilettes quand mon père est entré armé pour tuer sa fille. Je les comprends comme je peux. En dépit de la distance, reviennent en nuées, intacts, les grains de chaque voix. Lors des congés scolaires, elles étaient si nombreuses, j'en avais les tympans crevés. Ou alors j'exagère.

Avec elle, on ne sait pas, elle a poussé de travers, tu répètes mais ça rentre pas, toujours à se faire remarquer. J'écris pour ne pas mourir puisque c'est déjà fait.

Scène de la vie privée, le privé est politique. Restitution d'un fait réel afin d'y voir plus clair sur l'absence d'événement. L'inconscient collectif, le poids de la tradition, la notion d'indécence qui reste stationnaire. Le dominant ne voit pas le problème, l'esclave lui apporte ses chaussons et devant la télé ils grignotent des biscuits du nom de Bamboula. Les biscuits Bamboula, sablés au chocolat décorés d'une tête de lion, ont été commercialisés par St Michel entre 1987 et 1994. Le petit Bamboula, vêtu d'un pagne léopard et d'une toque assortie, en était la mascotte.

On appelle intersectionnalité la situation de personnes subissant simultanément plusieurs formes de domination et de discrimination dans la société. Le terme a été forgé en 1989 par l'universitaire féministe américaine Kimberlé Crenshaw. On me rappelait souvent à la mort de mes parents que, sans la prise sous tutelle familiale, je serais au Liban en ce moment, au milieu des éleveurs de chèvres, à faire du taboulé en boubou ou en djellaba c'est pareil, alors merci de la fermer et ne claque pas les portes ce qu'elle est conne c'est pas possible.

La France est un pays autant qu'un art de vivre. Les Français sont charmeurs et un peu polissons. Dans la rue, au bureau, des traditions flatteuses, une question de folklore et d'interprétation, elles exagèrent ces petites, elles prennent vraiment tout mal. Qu'est-ce qui prouve que c'est vrai contre la photocopieuse, les filles qui cherchent elles trouvent, ce qu'elles peuvent inventer pour faire leur intéressante, faut pas montrer son cul et après venir pleurer. La culture littéraire, mignonne, le patrimoine.

Quand vous serez bien vieille, des piles dans la chandelle, assise seule et en feu, tortillant vainement, direz, jouissant sévère, en vous émerveillant : au standard on me violait, du temps que j'étais belle. Le patrimoine français, la protection de ses monuments, de ses rites et coutumes. Le droit de cuissage, tout de même, c'est comme le bizutage, ça crée des liens très forts qui permettent à un groupe d'être beaucoup plus soudé et bien plus performant. Souvenirs indélébiles implosion du nombril ce n'est rien qu'une chenille Ève lève-toi au suivant.

Octobre 2017 #BalanceTonPorc. L'invisibilité, quand ça s'arrête d'un coup, la psyché de l'être humain, elle n'aime pas ça du tout. La stupeur dépassée, les paroles deviennent des actes, puis des gestes ou des lois. Des lois contre les porcs. Si c'est pas malheureux au XXIe siècle d'en être encore réduites à agiter le gendarme et les grosses punitions. Ici, c'est le travail pas Cocoboy, OK, matraque télescopique si on touche à mon cul, à mon corps on ne touche pas, sauf si je le propose. Pas toucher à la dame, sinon panpan cucul. On ne s'en sortira pas. La dame n'est pas à toi, la dame est une personne, frapper les gens c'est mal et violer ce n'est pas bien, peine maximale, vingt ans bien ferme va prendre ta douche.

En seconde partie de vie, peut-être au dernier tiers, voir déferler la vague, féministes 2.0, aux claviers citoyennes. Assister de mon vivant à cette libération des paroles et des femmes. Pour que vienne la mise à mort du sexisme ordinaire.

Apocalypse, au fait, veut dire révélation. Par les fils de la Toile partout elles se dévoilent, et dans quelques automnes leurs filles danseront sur l'eau.

Statistiquement (Jouons un peu)

Les garçons peuvent porter du rose, pendant ce temps-là et ensuite, qui se fait violer la dînette ?

La France reste le pays des droits de l'homme, c'est pourquoi une femme sur dix y est victime de violences conjugales. Ce qui explique probablement pourquoi les Françaises achètent en moyenne plus de produits cosmétiques couvrants que les autres Européennes, c'est la quatrième plus forte consommation au monde d'anticernes camoufleurs de gnons. Un peu d'astuce, de crème de riz, c'est reparti mon chéri mais ne picole pas trop.

70 % des chercheurs sont des hommes, qui parlent aux 30 % de femmes sur le ton des Vieux

Maîtres détenteurs des ultimes savoirs & vérités, ne pouvant voir en elles que de fraîches péronnelles, un troupeau de bas bleus, étudiantes éternelles dont le destin repose dans un bon à trousser. Un doctorat sur Cervantès allié à un 90C : cette petite doit être douée en branlette espagnole.

Les garçons jouent à la poupée, et bien sûr raffolent des Barbie, un produit fabriqué par l'entreprise Mattel dans des usines situées en Chine, à Shenzhen, dans la région de Hong Kong. Mattel avait un chiffre d'affaires de 5,7 milliards de dollars et un bénéfice net de 369,4 millions de dollars en 2015. Depuis bien avant et encore maintenant, de ce côté de la Chine, il existe quatre des sept usines possédées par Mattel.

Dans sa charte, Mattel dit : « Nous nous engageons à créer des jouets innovants, de haute qualité et sûrs, de façon responsable et éthique. » Le contrat de travail que signent les ouvrières s'avère quant à lui aussi vierge que le casier de Ken ou la chatte en plastique de Barbie Communion. Tarif horaire : 1,26 euro, 11 à 14 ou 16 heures par jour, 26 à 28 jours par mois. Le pic de production à l'orée de Noël enchaîne les ouvrières à leur poste 22 heures par jour ; pause-déjeuner une demi-heure, le repas est pris sur place et leur coûte 1 euro. Elles logent à quelques mètres, à 8 dans 25 m^2 sans aucune prise électrique, une salle d'eau par étage, loyer mensuel prélevé 5,60 euros. Dans leur contrat de travail, Mattel précise quand même : « Les travailleuses chargées de nettoyer les jouets avec des diluants chimiques toxiques ne sont pas autorisées à porter des gants de protection. » Et aussi : « Une absence de trois jours d'affilée, ou plusieurs absences pendant l'année sont considérées comme une violation grave des règles de l'entreprise. »

En 2015 la marque Mattel a connu un historique ralentissement des ventes de ses poupées Barbie. Les bénéfices du groupe restaient énormes, mais baissaient de plus en plus, de 20 %, en l'occurrence, cette année-là. Panique des actionnaires, réaction immédiate, de l'or, un parachute et un monsieur avec. Mattel change de tactique, développe sa stratégie. Barbie est une zombie, concentrons-nous plutôt sur des jouets innovants de haute qualité et sûrs pour les petits enfants, et par Fisher Price, rendons accessible le virtuel aux moins de 3 ans. Barbie, en bonne zombie, derrière le film transparent de sa boîte répétait : « Mon père, mon père pourquoi m'as-tu abandonnée ? » pendant que toute la presse l'enterrait en pétasse. RIP la bonnasse, repose en paix, Barbie, toi dont l'âme et la vie ne surent qu'être en plastique. Reste ici et dors bien dans ton beau caveau rose. D'ici à peine dix ans tu ne seras qu'un souvenir. Vous noterez l'ironie tragique. Les usines auraient pu fermer, les petites filles se détournant de cet univers et de son rose, obsolète ou boycotté. Perrine voulait un Meccano, déclare sa mère avec fierté. Ondeline et Babeth chaque dimanche battent leur propre père à FIFA, rétorque aussitôt la voisine à qui on n'a rien demandé.

Les garçons jouent à la poupée, pardonnez l'élan nostalgique, ces mamans toute en joie de transmettre qui s'agitent de la cave au grenier, du grenier à la cave ; allô mamie c'est moi, où t'as mis les cartons ? Mon garçon joue à la poupée, l'émotion peut être vécue, le rêve est à portée, autant que les volants embaumés de naphtaline.

Le jour est venu, mon fils. Et comme ces biens ont été préservés du temps, scellés au scotch brun sur du Jean-Jacques Goldman, je te donne ce que j'ai et tout ce que ça vaut, nous vérifierons sur eBay. Je te transmets, mon fils, mes douze Barbie, leur chien, leur cheval, leur voiture, leur maison avec jacuzzi, leurs deux Ken, leurs trois sacs de vêtements, en vrac les accessoires, oh les petits escarpins, et surtout, prends-en soin, le fameux camping-car qui a fait de moi la star des goûters en primaire. Oui, prends-en soin, mon fils. Autant que des *Tintin* que t'a offerts grand-père. Et si tu as cette fois la moyenne en grammaire, je te promets de t'acheter la Barbie Reine des neiges.

Hasard, coïncidence, relooking by grands couturiers. Toujours est-il que la zombie sut revenir dans les foyers. Jean-Moundir, il est temps de dormir sans tes jouets, ça devient ridicule tu rentres en 4e, mais donne-moi ces poupées, donne ; Jean-Moundir tu m'expliques ce qui te prend ; c'est quoi dans leurs cheveux, ça colle.

Plus de 60 % des enfants de moins de 3 ans sont gardés par leur mère. Près de la moitié des femmes sont des employées. Tous temps de travail confondus, leur salaire est de 20 % inférieur à celui des hommes dans le secteur privé et semi-public. L'écart est de 14 % dans la fonction publique. Françaises, encore un effort, nos aïeules ont fait avec moins.

Cela étant.

91 % des hommes en couple ne repassent pas leur linge, 60 % ne font pas le ménage, 36 % ne font pas les courses. Mais presque tous perdent leurs cheveux.

93 % des femmes en couple font le ménage, 93 % la cuisine, 85 % les courses quotidiennes et 73 % le repassage. Les femmes françaises sont les plus grandes consommatrices d'Europe de shampoings.

Tous les trois jours en France une femme meurt sous les coups de son conjoint.

Un viol est déclaré toutes les 40 minutes ; 96 % des agresseurs sont des hommes, 91 % des victimes sont des femmes. 52 % des femmes victimes de viol au sein de leur ménage qualifient de « plutôt importants » ou « très importants » les dommages psychologiques subits. Les victimes masculines ne sont que 27 % à cocher la même case. Résilience ou déni, l'enquête ne précise pas.

Les fillettes portent la salopette, pendant ce temps-là et ensuite, à qui arrache-t-on la culotte ? En France une femme sur dix a été violée ou le sera au cours de sa vie. Dans 80 % des cas, l'agresseur est connu de la victime, et un tiers des viols a lieu au sein du couple. 25 % des viols sont commis par un membre de la famille. 57 % des viols sont commis sur des personnes mineures, filles et garçons. Les études ne précisent pas si le pyjama de l'enfant se voulait dégenré.

Les chouettes histoires de Tatie C.

Scène de la vie scolaire. Collège. En représailles à un très brutal pouet-pouet, j'ai attrapé des couilles et je les ai broyées. Des couilles sous un jogging, car nous étions en sport. J'y pensais depuis longtemps, j'avais déjà peu de force, ne pas perdre de puissance en se heurtant au jean, épaisseur de la braguette, métal de la fermeture. Nous étions en 5e et sur le terrain de basket l'ambiance était très *Now, OK.* Les garçons de ma classe avaient redoublé une ou deux fois, leur groupe était majoritaire, le leader avait plus de 15 ans et faisait beaucoup pleurer sa mère actuellement sans emploi et en cure de repos. Deux ou trois filles avaient leurs règles, des seins sans ajouter de chaussettes, les yeux et la bouche maquillés.

Pour le reste, nous avions 13 ans et la terreur de nous faire coincer. Se faire coincer ça voulait dire la bande qui surgit et se déploie, vous course dans le couloir, vous attrape bloque traîne plaque, contre le mur vous colle, dans un angle vous maintient pour mieux vous ensevelir. L'automne, c'était déjà pénible, dans les couloirs comme sous le préau. Depuis février, ils s'enhardissent, des mains s'immiscent, empoignent, arrachent, écartent. Désormais sur nos gardes, une menace permanente. Les garçonnets qui s'abstenaient ne détournent plus les yeux, à défaut de se raser, ils mettent des mains au cul. Le port du fuseau est dangereux, l'élastique de la taille se baisse en un instant. Il est devenu fréquent, au milieu de la cohue, d'avoir été doigtée avant d'entrer en cours. Le phénomène s'amplifie, contamine les locaux. Étages, poursuites en courant d'air, la puberté ça gratte, faut percer les boutons. Soudain un inconnu vous gicle dessus, c'est l'effet jeunesse. Trois jours d'exclusion pour motif : a mis sa bite dans la purée. Le selfie n'existait pas, les adultes ne captaient rien et personne ne filmait.

J'écris juste d'où je suis. Soulagée par la relève, écume quatrième vague. Scènes de la vie de naguère il en reste quelque chose. Pour autant je dois admettre avoir été chanceuse : jamais je n'ai été violée.

Je suis de la race des demi-mondaines contemporaines, des catins domestiques, le consentement est dans le contrat, le droit de dire non en première clause. Je n'ai jamais été forcée.

La seule fois où j'ai été abusée, le contexte neutralise les faits. C'était dans le cadre du putanat. Un client, un hôtel, la douche, mon sac oublié dans la chambre. Le contenu de mon portefeuille, les deux mille francs de la passe. Je commençais la soirée. Juste les billets de sa passe. Une faute d'inattention, une erreur de débutante. Il s'est barré avec. La prestation elle-même avait été pénible. Ce n'était pas que du vol, ce n'était pas un viol, je me suis demandé ce qu'en penserait la police si dans ce pays c'était légal de se prostituer. Ma barmaid et les filles de retour au bercail ont conclu que je m'étais fait baiser deux fois, sans pour autant en rire. Depuis je prends ma douche avec mon sac à main.

Scène de la vie scolaire, cadre universitaire. Avant que je fasse pute. Dans les années 1990, la faculté de Nanterre pullulait de groupuscules divers, radicaux, dissidents. Suite à un malencontreux oubli de Lexomil lors d'une quelconque AG, je me suis emportée sur la toxicité inhérente au patriarcat, fils aîné de l'Église et du Capitalisme, en hurlant quelque chose qui est sorti tout seul et que je n'ai pas retenu, mais qui fut applaudi avec beaucoup de vigueur.

C'est ainsi que, le soir même, j'accompagnais une ex-militante CNT à une réunion féministe. Ma toute première. Rien à voir avec les séances de doléances des samedis soir entre copines. Une assemblée de filles féministes. Lucides, la preuve : misandres. La réunion était non mixte, « Les injonctions sexistes » était le thème du jour. J'étais impressionnée et tellement impatiente. Des amies de cœur et de combat, une vingtaine de filles dans la pièce, depuis le temps que je vous ai cherchées, je m'attendais en sortant à pleurer dans leurs bras, ensemble désormais contre le patriarcat, des marraines des filleules, un cercle mieux qu'une famille.

C'était sans compter que, sur la liste des injonctions sexistes, il y avait en premier le *Sois belle et tais-toi*. Et que les codes implicites du *Sois belle* profitaient à l'industrie capitaliste, l'industrie cosmétique remportant le pompon en raison de la masse de connasses inconscientes qui, pour se conformer à l'image d'une potiche consommable, participent activement au massacre des baleines et à la vivisection des lapins, tout ça pour se tartiner la gueule comme des putes sur le dos des ouvrières tellement exploitées chez L'Oréal qu'elles n'osent même pas faire grève. Je n'ai rien pu répondre. Plus je mets du rouge vif, plus ça veut dire que j'ai peur. J'ai pensé ça plus tard, dans le dernier RER, une excuse à moi-même, de la morve plein l'écharpe et de la honte plein la gorge. Je me suis endormie sans me démaquiller, je me suis réveillée persuadée que mon crâne avait été tondu. En fait, hormis mon père, mes pires humiliations et mes plus grandes douleurs, ce ne sont pas des hommes qui me les ont infligées.

Je cherchais des marraines, dépressive suicidaire licenciée lettres modernes cherche amies pour la vie avec appartement dans le but d'établir un projet radical 100 % féministe avec des grands ciseaux. Non-fumeuses s'abstenir. La blessure véritable, celle qui gardait à vif l'assassinat de ma mère, c'était l'absence de sœurs de cœur. Petite plaie cherche sutures en vue de résilience ; fille perdue quémande kit de survie et boussole. Lectrice de Baudrillard cherche copines lucides afin de former un *nous* parce que : « Ce n'est pas nous qui pensons le monde, c'est le monde qui nous pense. » En dépit de toutes nos positions personnelles, de nos parcours individuels, nous partageons le fait d'être pensées par le monde des mâles alpha. Nous partageons le fait d'être perçues comme femmes et d'être traitées comme telles. Lectrice de Solanas cherche alliées pour monter le gang des trancheuses de couilles à l'orée d'une fin de siècle.

Valerie Solanas est une féministe radicale et misandre célèbre. Elle est l'autrice du *SCUM Manifesto*, SCUM étant l'acronyme de *Society for Cutting Up Men*. *Scum*, c'est aussi le déchet, le rebut, la racaille. Valerie Solanas a écrit ce texte en 1967. Elle le vendait elle-même dans les rues de New York, en brochure ronéotypée. Pour

« l'avènement d'un monde féminin, décomplexé, fun et trippant », où, « une fois l'argent éliminé, il deviendra inutile de tuer les hommes : ils auront été dépouillés du seul pouvoir qu'ils exerçaient sur les femmes indépendantes ». Valerie Solanas a ensuite fait trois ans de prison pour tentative de meurtre avec préméditation sur la personne d'Andy Warhol.

Cinquante ans après SCUM, qu'en est-il de l'avènement de ce monde féminin ? Nous sommes des femmes indépendantes, conscientes que l'ennemi est commun. Mais désunies, parce que rivales. Jusqu'à ce que déferle la vague aux milliers d'amies inconnues.

Bienvenue à la quatrième vague

La première vague féministe est celle ayant permis le droit de vote et l'égalité juridique. Ce sont les actives suffragettes et le féminisme du mouvement ouvrier. Fin XIXe, milieu XXe. Les vagues se creusent dans les sillons des révolutions industrielles.

La deuxième vague déferle au milieu des années 1960 et pendant les années 1970. L'égalité est revendiquée, et le droit de disposer de son corps. Ce sont nos aïeules du MLF, la femme du soldat inconnu, le manifeste des 343 salopes. Le droit à l'avortement libre. Le féminisme matérialiste, le féminisme essentialiste. Féminisme s'écrit au pluriel.

La troisième vague féministe est arc-en-ciel, partie des États-Unis dans le milieu des années 1980. Militantes issues des groupes minoritaires, intersectionnalisme, visibilisation des minorités ethno-culturelles ; questions de genre, théories queer. C'est elle qui a su déconstruire, en ses fondements, le patriarcat, en s'attaquant entre autres à la binarité. La troisième vague est activiste, politique et organisée.

Dès l'apparition d'Internet, la troisième vague s'y est déployée. Des initiatives individuelles et collectives, des sites, des blogs. Transmission de savoirs, études, index, lexiques, matrimoine, connaissances ; expériences personnelles, recherches et créations militantes, collectifs artistiques, politiques. États-Unis et Canada, courant queer, cyberféminisme, Donna Haraway, manifestes, codes, théories, encore, théories.

La quatrième vague féministe est violette, c'est une colère de suffragettes. Majorité visible jusqu'ici silencieuse ; le sexisme ordinaire : une lutte de chaque instant. Elle utilise les technologies numériques et les réseaux sociaux comme outils et comme armes. Reprise quotidienne des informations et chiffres relatifs aux inégalités et aux violences faites aux femmes, création de hashtags qui virent au raz de marée.

La quatrième vague va de pair avec l'émergence d'un journalisme féministe, une génération soucieuse de transmettre au public ce qu'il aime garder caché. Assassinat n'est pas juste Drame conjugal ; Au pays du fromage une famille sur cinq est touchée par l'inceste ; Uxoricide n'est pas Il était fou d'amour. Des enquêtes sont lancées jusqu'au sein de *Libé*, sur les réseaux sociaux l'indignation circule et le réel pique les yeux. Tout le monde est concerné. Madame Michu, c'est moi. Et si ce n'est moi c'est donc ma sœur, ma propre grand-mère ou ma voisine. La Toile se tisse de révélations, et la prise de conscience attire.

C'est le féminisme 2.0. Toutes les interfaces et plateformes sont investies. Initiatives collectives ou privées pour des fragments de réel, des paroles, des récits, des photos d'ecchymoses. Des personnes inconnues se suivent et partagent, échangent, commentent, militent et se soutiennent. Être traitée comme femme : exposition des faits. Bien mieux qu'une pétition, des témoignages, des preuves. Par la quatrième vague se produit l'événement.

Le féminisme 2.0, pour moi, en France, le vrai début, c'est 2010. Parce que 2010, c'est *Paye ta shnek*, « Témoignages de harcèlement sexiste dans l'espace public », le tumblr lancé par Anaïs Bourdet. La manière dont les femmes sont perçues et traitées dans l'espace public devient irrémédiablement visible, les médias s'en emparent, le sujet se fait sociétal. Dans la foulée, Osez le féminisme ouvre viedemeuf.fr, des « anecdotes pour dénoncer les inégalités femmes/hommes qui persistent dans notre société ». Le féminisme 2.0, c'est celui des réseaux sociaux. Des amies inconnues, une communauté de femmes, un féminisme frontal, une puissance effective et une alternative nouvelle génération.

En 2006, aux États-Unis, Tarana Burke lance la campagne Me Too. En octobre 2017, en France, sur les réseaux sociaux des millions de femmes témoignent, harcèlement sexuel au travail #BalanceTonPorc. Initiative : Sandra

Muller, journaliste. Précédemment, le producteur Harvey Weinstein, une multitude d'actrices célèbres, traquenards et agressions sexuelles, qu'est-ce que le viol, le harcèlement, lorsque l'on est une comédienne, à Hollywood tout est permis, c'est la règle, elles sont là pour jouer. Ailleurs aussi. C'est un problème. Partout des porcs, c'est compliqué.

La parole libérée circule. Visibles et solidaires, des milliers de lèvres s'entrouvrent, un roulis de gerçures, le silence amputé, la gangrène se dévoile et partout se répand l'évidence d'en finir avec les traditions du Monde selon Priape. La perception de la femme comme plein de trucs sauf autrui, l'habitude d'oublier que cet être vivant n'est plus domestiqué, que son corps lui appartient plus que jamais, néanmoins. La redéfinition de l'intégrité physique, le concept de consentement expliqué à Toto, le seuil de tolérance syndiqué de la lourdeur. En français dans le texte appeler un chat un chat et ne plus se mordre la langue. Ceci n'est pas une pipe, car c'est seulement un viol.

Cette donnée est nouvelle. Hors des circuits balisés et parfois balisants du militantisme, l'équivalent de la rue, mais derrière les écrans.

La solidarité des femmes dans l'espace numérique est spontanée, immédiate. La parole de celles qui s'y présentent et s'y confient comme victimes n'est que rarement remise en question. Un pacte de confiance ente amies inconnues. L'effet du like, du RT, du partage dans un geste d'empathie, d'adhésion, peut influencer, soit. Mais j'y vois surtout l'émergence de la sororité comme principe actif.

La parole des victimes est crue a priori, parce que les liens entre femmes sont ceux d'une communauté de sœurs. Mettre en doute cette parole ne peut leur venir à l'esprit, il faut être hors du cercle pour guetter les accents de la mythomanie ou une manipulation. Il faut être hors du cercle, acteur ou spectateur, aveugle, mais pas victime.

La quatrième vague du féminisme renoue avec des enjeux et des revendications hérités de la deuxième vague, le MLF n'est pas très loin. Peut-être est-elle moins politisée. La base, madame Michu, j'y reviens. Madame Michu un peu perdue à la lecture de Judith Butler, elle n'a rien contre les questions de genre, si ça peut lui permettre d'être payée comme un homme et de ne plus se faire reluquer les cuisses au bureau.

Bien qu'il s'agisse du corps, que l'on parle de son corps, biais l'écrit, clavier écran : le corps n'est pas en jeu quand il prend la parole. Le corps n'est pas scruté pendant que les mots disent ce qui a été vécu, ce qui a été ressenti. L'apparence non jugée. La parole est plus libre qu'elle ne l'a jamais été. La parole de la femme a enfin de la valeur.

Quel que soit le parcours des amies inconnues : c'est la sororité leur lien, l'état premier de leurs rapports. Le retour au gynécée. Inclusion de la base auprès des non-binaires et des vraies guérillères. L'important, nous le savons, étant de faire légion.

Nouvelles générations. Tentation : espérer. Voir la sororité comme une éthique de vie. Le rapport entre femmes, tenter de le changer. Le fantôme des suffragettes casse toujours les vitrines, mais jamais le plafond de verre. Le mâle alpha n'est pas un homme, le papatron est un prédateur. Pour ne pas en être victimes, longtemps les femmes se sont faites mamatrones.

Être perçue comme victime et être traitée comme telle : soumission permanente à la pitié des autres. Rien n'est plus humiliant que de voir des pupilles que la pitié dilate, assombrit et embue. Rien n'est plus angoissant que de voir les iris se moucheter d'empathie, se piqueter de détails et d'interprétations, son trauma kidnappé, autrui se met à votre place, votre douleur est la sienne et l'horreur le traverse ça lui fait des frissons et puis tellement de bien d'expulser ses chagrins en les noyant dans votre haleine. Être victime, c'est regarder les autres qui se mouchent et après se sentent mieux. Personne ne veut être victime. La rivalité entre femmes ne persiste qu'à cause de ça. Éviter d'être victime, ça rend très agressive dès le stage de 3e.

Quelques chignons frissonnent, bien des nuques se raidissent. La femme forte l'est devenue en se débrouillant seule. La solidarité dégraderait la valeur de tout ce qu'elle a acquis, la parité, sa place de Schtroumpfette de l'étage, participer reviendrait à payer l'impôt sur la fortune : même celles qui sont de gauche trouvent que c'est abusé. Le rapport entre femmes, par la quatrième vague, le sentir évoluer. La mamatrone aussi se dévoile faite d'un bois totalement vermoulu.

Je vous écris d'où je suis, en seconde partie de vie, peut-être au dernier tiers. L'époque est historique et ma jouissance totale. La révolution numérique a apporté aux femmes des outils et réflexes qui les rendent solidaires, conscientes qu'elles forment un *nous*. Un *nous* hétéroclite, un *nous* de moi aussi. Être perçue comme femme et être traitée comme telle : c'est cela que nous partageons. Et ce *nous* n'est pas seul.

Occasion inédite : le mâle alpha n'est pas un homme et les jeunes couillidés n'aspirent aucunement à devenir un papatron qui chasse la belette le week-end. Le jeune couillidé aspire à être autoentrepreneur et à passer du temps avec ses gosses au parc ou devant la console pendant que maman travaille comme elle veut. Je n'exagère pas tant que ça.

Le patriarcat en France, son avenir se dessine dès les jardins d'enfants où de grands yeux s'étonnent : il paraîtrait qu'avant, les Noirs étaient des esclaves, les Algériens des crouilles, les mamans en cuisine, les papas jamais là, le portable, Internet, les tablettes ça n'existait même pas, mais le pire, c'est qu'avant, quand t'étais un garçon, t'étais obligé d'aimer les voitures et de te marier avec une fille. Et quand t'étais une fille, avant, tu ne pouvais pas te marier avec une fille, mais par contre ton mari avait le droit de te frapper.

Condition féminine, pour un renouvellement pas que de la garde-robe. Nouvelles générations. Je vous écris comme je vis, portée par la quatrième vague. Le patriarcat panique, les derniers virilistes sont à court d'arguments. Féminisme 2.0, sur les réseaux elles sont légion, des hystériques, pas que gauchistes mais qui l'ont sûrement bien cherché, des paranoïaques sans humour, dans le métro elles piquent des crises, au bureau elles ne font plus la bise, des lesbiennes, des effarouchées. Alors que la gaudriole, c'est dans l'esprit français.

Du côté des conservateurs, il est également reproché aux sorcières de pratiquer l'inquisition. « Licencié pour sexisme : une nouvelle victime de l'inquisition féministe », dans *Le Figaro*. La notion de délation est dans le pays soulevée, les médias s'interrogent. Les porcs doivent être punis et ne pas recommencer, pour autant balancer, se mettre à table, c'est limite. Partout le débat est dévié, au menu, plus de porc mais une sympathique polémique intellectuelle et sa farandole d'experts. Balancer, c'est limite, la mémoire collective a du mal à gérer, le cimetière aux souvenirs, la pénombre nationale. Balancer, dénoncer, signaler indiquer rapporter, livrer. Si les Ricains n'étaient pas là vous seriez tous en Germanie, Papy fait de la résistance, balancer annoncer livrer, Gestapo 30 minutes j'écoute. Dénoncer ce n'est pas bien, ça fait penser aux juifs, le harcèlement sexuel c'est quand même pas Auschwitz faut penser à se calmer. En plus y en a ras le bol de ces féminazies. Sans compter que le cochon, c'est un être vivant drôlement intelligent qui ne viole jamais personne. Balancer, ce n'est pas bien. Et le mot porc pose problème.

Le patriarcat panique, son royaume chaque jour rétrécit sous la pluie de ses propres abus, c'est le choc en retour, une sorte d'anticyclone, la notion de consentement balaie tout argument, la parole se libère et la peur change de camp. La délation, en France, à la Libération, des femmes étaient tondues. La colère se libère, la violence change de camp. Qui passe à la casserole, quelles brigades collaborent ? #CuisineTonPorc, le saindoux : un aliment 100 % naturel. La dystopie n'est jamais loin, parce que les conditions sont propices.

Jusqu'ici cette histoire de France avait pour seuls héros et narrateurs des hommes. #FaisTournerMan #MerciPourCesMoments. Une résilience subite à échelle nationale, des cercles de parole et des actions de femmes. Féminisme 2.0 : inconnues mais reliées, les femmes et leurs alliés désormais sont visibles. Elles surgissent de partout, la pression est immense au point que dans le métro nous qui étions des hommes, on se tient comme à l'école en n'osant plus bouger. Les Français, nous le savons, restent de grands enfants. Une fois que l'enfant roi est remis à sa place, comment ne pas devenir soi-même une mamatrone ? Le féminisme, parfois, peut devenir soluble au contact du réel.

La force de la quatrième vague, c'est la sororité. Mais comment conserver ce lien dans le réel, comment l'activer ? La quatrième révolution industrielle rend les hommes et les femmes égaux face au chômage, pour autant, ce sont toujours les femmes qui sont les plus précaires. Les rapports et les liens entre femmes sont conditionnés par le patriarcat, mais aussi par leurs propres réflexes, car la rivalité semble être du matrimoine le seul élément visible. La mamatrone existe autant que le papatron. Et le plafond de verre s'est maintenu jusqu'ici grâce à elles, mamatrones et ogresses satisfaites de la vue.

La sororité est le mot clef, la fin des rapports verticaux, se penser sœurs modifie tout. Pour cela changer l'angle d'approche sans redouter les regards portés sur nos assauts. Des sorcières et des meutes : bien sûr, pour nom Légion. Par la sororité, rien ne sera épargné car les femmes vivent, partout, résolues et nombreuses, dangereuses puisque unies.

La devise de la République n'est plus appliquée dans ce pays. Les femmes n'ont jamais vraiment été libres, l'égalité est morte et la fraternité n'a de sens que dans les livres. L'État ne fait plus son devoir et le gouvernement engage les citoyens à devenir de leur vie les autoentrepreneurs.

Aucune mesure concrète réellement applicable, extrêmement peu de crédits, énormément de com. L'écart salarial qui persiste, une femme sur dix qui se fait violer : maintenant tout le monde est au courant, néanmoins, question, que se passe-t-il ? Libérer, invoquer, canaliser, afficher, exposer, exhiber la parole des femmes dans l'espace public permet de masquer l'absence d'action. Après l'âge d'or du *Dire c'est faire*, voici celui d'*En parler c'est agir*. Alors en parler, cela suffit, en parler tout de suite et ça va mieux, en parler résout le problème, c'est magique et économique, ça résonne dans l'espace et le cerveau du public. À force de parole on croit que l'on guérit.

J'écris, ce qui signifie que pour moi chaque mot est un pouvoir. Les mots, pas les discours. S'emparer, appliquer des mots au quotidien. La sororité est le mot clef, les citoyennes s'engagent et si la loi ne peut rien, peut-être que des techniques alternatives s'imposent. Il y va du renoncement au syndrome de la Schtroumpfette et du deuil d'un certain esprit de gaudriole. Inventer le monde qui vient, longtemps après que les porcs ont disparu. Observer les remous de la quatrième vague, repérer les bastions, rêver les tsunamis.

Liberté, Parité, Sororité, peut-être. Une République française où la langue officielle ne serait plus prisonnière d'un gang de couillidés, une société française où par les femmes, le temps d'une vague, le patriarcat serait aboli et les règles du jeu repensées.

Les fabuleuses aventures du mot sororité

Sororité : substantif féminin, du latin *soror*, sœur. En latin médiéval désignait une « communauté religieuse de femmes ». Rabelais l'a fait sortir de l'enceinte du couvent, après le XVIe siècle, le mot sororité devient « une communauté de femmes ayant une relation, des liens, qualité, état de sœur ». Hors de la foi et de la famille, une relation, l'état de sœur. Le sang n'y est pour rien, si ce n'est le menstruel. Une solidarité, rapport de similitude. Le partage d'une condition en dépit de ses pluriels. Hors de toute hiérarchie, et même sans droit d'aînesse. Une relation, des liens. Ici pas de mamatrone : qualité, état de sœur.

Un mot plutôt joli, quatre syllabes rondes, souriantes, qui en cercle susurrent la possibilité d'une union féministe en milieu naturel. Au XVIe siècle la langue le permettait. Puis le terme a disparu totalement de l'usage, ça a duré longtemps, on se demande bien pourquoi.

Hypothèse 1 : l'Église appréciait peu qu'en dehors des couvents, des regroupements de femmes solidaires hors contrôle puissent être envisagés. Du coup ses représentants expliquèrent que c'était mal de traîner entre filles parce que ça rend lesbienne, ce qui déplaît à Dieu au point d'ouvrir l'enfer à qui s'en rend complice.

Hypothèse 2 : les hommes appréciaient peu qu'en dehors de leur autorité les femmes s'imaginent exister. Par la sororité surgissent l'indépendance, l'autogestion, pire encore : l'autodétermination. Du coup ils convainquirent leurs épouses et leurs filles d'écouter le curé et de se concentrer sur les charges domestiques et la reproduction de l'espèce.

En 1634, un homme d'Église et d'État, le cardinal de Richelieu, fonda, entre autres institutions encore en fonctionnement, l'Académie française. Depuis janvier 1635, la mission de celle-ci est de veiller sur la langue, de la normaliser, de la perfectionner, de l'uniformiser. On pouvait dire « autrice » dans le langage courant, comme on disait « lectrice », à l'époque. La féminisation des métiers s'appliquait de soi, il s'agissait alors de nommer le réel, ou de l'anticiper. Le dictionnaire n'est pas responsable, ce sont les hommes en habit vert qui s'escriment à le mutiler, à la pointe de l'épée les curetages se succèdent, les mots et leurs vertus peu à peu rapetissent et bientôt s'évaporent. Quand un mot n'est plus dit, qu'il n'est plus prononcé, ce qu'il désigne aussi disparaît des esprits.

L'Académie française : des hommes régissent la langue, le patriarcat sévit en immortel depuis 1635. Une communauté de femmes soudées et solidaires, parce qu'elles partagent quoi ? La possibilité de décéder en couches, la culpabilité de ne pas mourir à la guerre ? Une communauté de femmes, ce qu'elles peuvent faire ensemble, mis à part caqueter dans de nouvelles toilettes ruineuses pour le ménage, notons que, dès le XVIIe siècle, cette question s'est posée et fut vivement réglée. Une communauté de femmes liées en état de sœur. Manquerait plus qu'elles s'instruisent.

Le mot sororité est sorti de l'usage et s'est fossilisé. Une communauté de femmes, c'est un ressort comique en France, dans nos classiques comme dans la réalité. *Les Précieuses ridicules* est une pièce de Molière représentée à Paris en 1659. La commission des précieuses ridicules est le surnom endossé par les chercheuses chargées par Yvette Roudy de féminiser les noms de métiers, les grades et les titres en 1984.

Le français est la langue de Molière, ici reste l'héritage maudit des femmes savantes. Même celles des années 80, pourtant femmes jusqu'au bout des seins, ayant réussi l'amalgame de l'autorité et du charme selon Michel Sardou. Profession PDG, général d'infanterie, secteur tertiaire non marchand, art, banque, défense du territoire national, transports, industrie, politique. Mais quand chirurgien : *esthétique*. Aucune femme ingénieur, scientifique, concours Lépine ou médaille Fields dans ce tube de Michel Sardou. Ce qui n'est pas nommé n'existe pas. C'est valable tout le temps et absolument partout, ne négligez pas l'impact de la chanson française, surtout de variété, sur la population. Aussi dévastatrice que l'Académie française. Mais c'est un autre problème.

Sororité : communauté de femmes ayant une relation, des liens, qualité, état de sœur. L'important c'est de comprendre qu'en oubliant que ce mot existe, les femmes ont perdu le concept avec, de même pour les hommes qui les regardaient. Sororité ça voulait dire : les femmes deviennent une caste, une classe. Plus dangereux que le communisme à l'échelle internationale, un incendie dans chaque foyer. Aucune révolution ne fera tomber le gland de la phallocratie. On peut tuer le roi et dénoncer son frère, mais la bite, on n'y touche pas, sauf si papa demande.

Lorsqu'un mot disparaît de l'usage, c'est que plus personne n'en a l'usage. Souvent parce qu'il désigne quelque chose qui n'existe plus. Par exemple les vespasiennes, le métier de rémouleur, la notion de cadre maison ou les wagons fumeurs. Il arrive par ailleurs que certains mots perdurent au fronton d'édifices qui se veulent rassurants, bien que tous aient été vidés de leur sens. Liberté, Égalité, Fraternité, par exemple.

Fraternité, de *frater*, frère. Tout comme sororité, est tiré du latin médiéval. Un rapport fraternel, des liens fraternels, un lien affectif et moral. Frères hors du sang, mais bien frères d'armes. Qui guerroient et connaissent le rire du sergent, ou à défaut se défient, chaque soir, courbés tendus écran manettes. Fraternité universelle puisque l'Homme prit une majuscule et le relais immédiat des dieux pendant que nous préparions le dîner. C'est important de bien manger. Sororité : les Parisiennes vont chercher le roi à Versailles le 5 octobre 1789, le peuple a faim, elles veulent du pain. Une fois que les grilles ont cédé, les émeutiers poursuivent ; faire la révolution : une affaire de bonshommes, elles ont été utiles, mais que ça reste discret et qu'elles soient bien mignonnes de rentrer coucher les gosses, d'autant que sans surveillance ils doivent faire des conneries.

Si le mot sororité avait été d'usage, la façade des mairies aurait été changée. Liberté, Égalité, Sororité, par exemple. Et les bustes de Marianne auraient probablement deux tailles de bonnet de moins.

Les mots sororité et fraternité, bien qu'apparus ensemble, n'ont pas eu le même destin. Pour autant, aujourd'hui, en ce qui concerne la devise républicaine, pardonnez-moi, mais j'y reviens. Fraternité : obligation morale, devoir de la nation envers ses citoyens ; droit à la protection de la santé, à la sécurité matérielle, au repos et aux loisirs, aux congés parentaux, à la retraite des travailleurs. Est-ce qu'un mot garde son sens quand tout ce qu'il désigne est devenu obsolète ? Est-ce qu'un mot a sa place quand tout le monde le défend mais que plus personne ne le ressent, ne l'applique ni ne l'utilise ? C'est quand même des questions qu'il est sain de se poser.

Pensez-vous qu'aujourd'hui, les Parisiennes forceraient les grilles de l'Élysée pour : réclamer du pain/l'égalité des salaires/le droit au congé menstruel/la PMA pour les copines/un bon d'achat pour un produit du groupe LVMH/faire un selfie avec le chien présidentiel ? Merci de développer, exercice en une heure.

Sororité, de *soror*, sœur. Tout comme fraternité est tiré du latin *frater*. Tandis que le mot fraternité connaît un succès retentissant, sororité depuis des siècles a été jeté aux orties. Peut-être même enfoui profondément sous terre, exprès, le plus profond possible. Sororité, un mot fossilisé, de la roche, un petit caillou, une boule végétale mais si sèche, des syllabes qui sonnent étrangères et parfaitement inanimées. Sororité, le mot dort sous terre, on le croit mort, il va se réveiller.

Nous sommes dans une forêt française, peu avant 1940. Un campement, des jeunes filles, une communauté de filles et un état de sœur. Ensemble, ce soir-là, elles cherchent autour du feu comment nommer leurs liens. Elles portent un uniforme, chemise foulard et jupe-culotte. Elles appartiennent aux Jeanette scouts de France, activités non mixtes, un rapport spécifique entre femmes, un usage, une nécessité de nommer ce qui existe.

Autour du feu, après les chants, les filles s'interrogent sérieusement. Trouver le terme correspondant serait d'utilité publique, un scout est toujours prêt à faire une bonne action. Les guides et les aînées recherchent dans leurs manuels, leurs souvenirs, leurs leçons de vocabulaire, des pages du Nouveau Testament. Lapinette Pieuse et Loutre Savante ne peuvent se résoudre à l'hypothèse de parler une langue non équitable. Un mot existe quelque part puisqu'elles en font ici l'usage. Hélas dans ce campement en pleine forêt française peu avant 1940, aucune n'a apporté de dictionnaire. Ni prêté attention au sac de couchage vide dans la tente des louvettes.

Fracas, chute, hurlements ; l'écho d'un éboulement qui engloutit lentement le dernier appel au secours. Identification : Chevrette Curieuse, 9 ans. L'infortunée enfant, par l'envie emportée, s'est éloignée des tentes vers les profonds fourrés. Aussitôt c'est la meute tout entière qui s'élance, en s'armant de courage, de lampes torches, d'une boussole, de cordes et de bâtons.

Pauvre Chevrette Curieuse, une plongée dans la pierre, le cœur des bois profonds n'est jamais fait d'argile. Le sang n'y suffit pas, des larmes et de la sueur. Des nœuds et des astuces, l'urgence, entre filles : bonne action. En magie sang larmes sueur, ça donne corps à la force mentale, ce sont des extraits de vie pour que s'animent les souhaits. Peut-être que c'est pour ça qu'en tombant dans l'abîme où le mot sororité avait fossilisé, le sang de Chevrette Curieuse, ses larmes autant que celles de ses sœurs paniquées, la sueur de leurs efforts, l'ont ramené à la vie, ce mot-là. La faculté de reviviscence, certains mots l'ont, tout comme ces plantes qui au contact de l'eau reprennent forme et croissance. Une rose de Jéricho, plante de résurrection, désert, fleur de rocher.

Peu avant 1940, le scoutisme féminin déterra le mot sororité de l'oubli afin de l'utiliser durant quelques années, avant de lui préférer le terme sestralité de manière définitive. Ce sont les faits réels, les données à retenir. Mais vous savez très bien que, sans sacrifier une chèvre, on ne peut pas maintenir l'attention de l'auditoire.

Sororité, utilisé et rejeté au profit de sestralité. Le mot paraissait adapté, aussi n'est-il pas incongru de se demander pourquoi. Sestralité sonne mieux, semble plus élégant, variété de nuances : argument non recevable, ici pas de poétique. Ce qui se joue ici relève du politique, et en dépit du plomb, pas d'alchimie du verbe. Qui était attentif avancera sans axiome une probabilité : Jeanette, scoutisme de France, foi, pratique catholique, un lien avec l'Église. Les composants restent immuables autant que le danger, couplets au goût du jour, mais toujours le même refrain. Une assemblée de femmes qui se délivrent du mâle, manquerait plus qu'elles inventent leur propre façon de penser, de vivre de s'organiser, carrément un système. Pire que le communisme, debout ensemble, pluriel de femmes, qu'entendrons-nous dans nos campagnes si elles n'accouchent plus de soldats, si nos compagnes désertent nos bras ne risquent-elles pas de nous égorger ? Aucune instance soumise à un dieu ou un maître n'a intérêt à voir le mot sororité se propager de bouche en bouche, s'incarner dans des actes et des comportements.

Copine, entends-tu le pouvoir de ce mot sur nos peines/Copine, entends-tu les cris sourds de nos vies qu'on enchaîne/Ohé ! féministes, ouvrières absolutistes, c'est l'alarme. (Air connu.)

Il a fallu attendre les années 1970 pour que le mot sororité revienne, soit prononcé, écrit. Ce sont les féministes françaises qui l'ont réinvesti. Aux États-Unis, leurs homologues venaient de composer le terme *sisterhood* sur le modèle de *brotherhood.* Un néologisme militant, la volonté d'ancrer dans leur langue un mot qui désigne des liens, des affinités, un vécu commun, au-delà des classes et hiérarchies, inhérent au partage de la condition féminine. Ces liens entre hommes avaient un mot, ceux entre femmes n'existaient pas, ce qui n'est pas nommé n'existe pas, *sisterhood*, en anglais, ce n'est pas *sorority.* Il ne s'agit pas là de campus américain, d'association étudiante, l'idée même de sélection et de bizutage, de hiérarchie, de promesses prononcées, de nécessité de formuler le lien pour l'acter, ce que le mot décrit, c'est le mouvement contraire.

Le terme sororité implique l'horizontal, ce n'est pas un décalque du patriarcat. L'état de sœur neutralise l'idée de domination, de hiérarchie, de pyramide. La qualité de sœur, expériences, âges multiples, le cercle est de paroles qui s'écoutent en égales. Différentes mais égales. Qui possède le langage obtiendra le pouvoir. Le pouvoir absolu, celui où dire c'est faire. Un féminisme actif, le retour de sorcières d'autant plus dangereuses qu'elles ont appris le sortilège d'unité.

« Le féminisme encourage les femmes à quitter leurs maris, tuer leurs enfants, pratiquer la sorcellerie, détruire le capitalisme et devenir lesbienne. » C'est Pat Robertson qui le dit. Pat Robertson est un pasteur américain célèbre depuis les années 1960, membre du parti républicain et télévangéliste chrétien. Il considère également que le tremblement de terre en Haïti en 2010 est la conséquence directe d'une cérémonie vaudoue durant laquelle les esclaves ont pactisé avec le diable pour chasser les Français en 1791, et qu'il ne serait pas impossible que l'assassinat d'Yitzhak Rabin ait relevé de la punition divine. C'est un vieil ami de Donald Trump, il l'interviewe régulièrement dans le cadre de ses émissions depuis les années 1980.

« *When you're a star, they let you dot it. Grab them by the pussy. You can do anything.* » C'est Donald Trump qui l'a dit. Enregistré à son insu en 2005. *Grab them by the pussy* : attrape-les par la chatte. Cette citation est devenue célèbre depuis. L'extrait a été diffusé et commenté en boucle. Ce que le pasteur Robertson en a pensé, l'histoire ne le dit pas. Mais ce qui est certain, c'est que parmi ses ouailles il y avait des petites filles, des jeunes filles, des jeunes femmes. En construction d'elles-mêmes, aspirations, désirs, repères. Devant l'écran, elles ne s'étaient pas senties très à l'aise. Se faire attraper par la chatte, ça n'encourage pas trop à chercher un mari, à avoir des enfants, à pratiquer le christianisme et à se faire exploiter par le capitalisme. Et après on s'étonne que de plus en plus de filles préfèrent être lesbiennes.

Le 20 janvier 2017, Donald Trump est élu à la présidence des États-Unis. Les féministes américaines se retrouvent un peu dépourvues, leurs libertés et droits civiques sont officiellement pris pour cible, avorter deviendra compliqué, signature, décrets, amendements, *tweet and shoot*. Des mâles alpha décident, dans le bureau

Ovale autant que sous la coupole, l'homme toujours légifère. Il crée des lois qui le maintiennent et le confortent dans ses privilèges, des lois à son image, pour ne croiser que son visage. La Justice, un miroir recouvert du même mercure que celui de la Reine, à cette différence près que c'est aux mâles alpha que le cœur de Blanche-Neige a été confié, comme la tête d'Ophélie et le cul de la crémière.

Créer un mot pour qu'il existe, comme *sisterhood* : acte militant. Égalité à même la langue. Mais que faire quand surgit *Grab them by the pussy* ? Une fois passé le temps des plateaux et papiers, des débats et dossiers, quelle visibilité pour cette violence, après ? Répondre par des mots qui existent, ou qu'il faudrait inventer, mais les mots sur Donald Trump, comme sur tous les vestiges du patriarcat triomphant, sur eux ça glisse, ça ne prend pas, ça ne les touche pas. Souvent ils les détournent, se les accaparent, les vident de sens, comme s'ils les réinitialisaient avant de se les approprier. Les mots ne sont pas suffisants, comment ne pas redevenir invisibles ? Étrangement, quand les femmes s'organisent, il est toujours question d'aiguilles à tricoter. En l'occurrence des n° 5, ainsi le *Pussy Hat* est-il né.

Le saviez-vous ? Le *Pussy Hat* est un bonnet rose fuchsia avec des oreilles de chat, devenu le symbole des féministes anti-Trump. Initié par des militantes et développé par des designeuses, le *Pussy Hat Project* met en ligne des patrons de bonnet pour tout type de maille, assortis de tutoriels. Le 21 janvier 2017, plus de deux millions de personnes à travers le monde entier portaient un *Pussy Hat*, en soutien à la *Women's March on Washington*. 500 000 *Pussy Hats* devant la Maison-Blanche, comme autant de chattes qui ne comptent pas du tout se faire attraper. Pour un bonnet de taille médium : 2 pelotes de laine mèche 100 % mérinos – la taille finale de la pièce avant assemblage doit être de 43 cm de long et 28 de large.

« La seule chose que toutes les femmes partagent, c'est le fait d'être perçues en tant que femmes et d'être traitées comme telles. » Cette phrase est de Julia Serano et résout la faille des pluriels. Le féminisme devient soluble au contact catégoriel. Julia Serano est une biologiste et militante féministe américaine, spécialisée dans les études de genre. Elle n'est pas née femme, elle l'est devenue. Après avoir traversé, habité et expérimenté des états queer et flous, vraiment de l'intérieur.

La sororité n'est en rien une question d'affect, c'est une éthique de vie. Ce que les femmes partagent, qu'elles se trouvent au-dessous ou au-dessus du plafond de verre. Mieux que le communisme, un féminisme actif. Pour qu'un mot devienne la vie, pas besoin de magie ni de bouc émissaire. Le sang, les larmes, la sueur : liquider les formules qui ont trop fait recette. De la sororité au féminisme actif il y a trois pas de fourmi.

La sororité permet de créer un *nous* hors de toute hiérarchisation individuelle des urgences personnelles et combats collectifs, en constance : état de sœur. Relations, qualité des liens, en fils de soi se tissent des communautés de femmes qui composent et créent des *nous*. Le mot sororité désigne toutes ces *elles* qui deviennent des *je*, des essaims de *je* en forme de *nous*. Des nous, un nous de femmes. De perçues et traitées comme telles.

Sororité, le mot existe, son réel à notre portée. Le pouvoir vertical est déjà érodé, les liens se construisent en cercle et l'enserrent jusqu'à le rendre exsangue. Recherche affinités si ça matche électives. Les liens se forment en cercle et les femmes s'organisent. Elles ont beaucoup d'alliés, les enfants de papatron n'ayant pas très envie de reproduire le modèle. Le système patriarcal est devenu obsolète aux yeux-même des vaillants autoentrepreneurs. L'occasion, c'est un fait, relève de l'historique. Ce serait un peu dommage de passer à côté.

C'est pour ça que j'écris, mes amies inconnues. Pour que circulent les armes autant que la parole, pour que se pense un monde hors de toute érection. Ni déesse, ni maîtresse, modifier notre rapport à la domination, faire brûler les échelles avec les sets de table, surtout abandonner les concours de balconnets. En moules à gâteaux ou en seins, reste en commun la silicone. C'est valable aussi pour la mooncup, alors ne faites pas les malignes. Puisque pas de matriarcat, entendons-nous l'alternative ? Mon amie inconnue : pas mon enfant, ma sœur. Outil : sororité, une relation entre femmes qui renverserait la donne autant que la devise inscrite sur les frontons. Fraternité existe, sororité aussi. Utiliser ce mot, c'est modifier l'avenir.

Le chant des partisanes (Karaoké remix)

Copine, entends-tu le pouvoir de ce mot sur nos peines ?
Copine, entends-tu rire ce jour où ta vie vaut la sienne ?
Ohé ! féministes, suffragettes jusqu'au-boutistes, c'est l'alarme !
La sororité modifie le goût du sang et des larmes.

Rangez vos canines, être sœurs c'est plus qu'être camarades.
Sortez les cisailles, les hashtags qui mitraillent les grillades.
Ohé, harceleurs, priapiques adipeux, courez vite !
Ohé, prédateurs, attention petits pourceaux, ça retweete.

C'est nous qui brisons le cristal comme le plafond de verre.
Sororales secousses, neutraliser la frousse, tenancières.
Il y a un pays, des femmes, une utopie et une trêve.
Ici, nous, vois-tu, rivales et séparées, on en crève.

Ici chacune sait ce qu'elle veut, ce qu'elle fait, quelles impasses.
Amies inconnues, ce n'est pas qu'sur Facebook que ça se passe.
La sororité, confiance et liens pour contrer la déroute.
Chantez sans canons, désormais, des paroles qui s'écoutent.

Le cri de la nullipare au-dessus d'un soir quelconque

J'écris de ma seconde partie de vie. Je suis une femme de 45 ans. Féministe, sans catégorie. Seule et libre, sans regrets, remords ni nostalgie. Seule d'être libre, comme souvent. Et c'est pas facile tous les jours.

N'oublions pas que la famille, c'est l'amour infini mis à portée de la niche. Se refuser à mettre bas, c'est renoncer à quelqu'un qui pense à vous, qu'il vous aime ou qu'il vous haïsse, caniche dressé à l'inconditionnel. Quand personne ne pense à moi est-ce que j'existe quand même ? il n'est pas impossible qu'on se pose la question.

De toutes les injonctions faites aux femmes, seule la maternité perdure. Ne pas vouloir être mère continue d'être suspect, voire inenvisageable. Bientôt on me dira que c'est un privilège dont j'aurais dû user.

Je vois vaciller des bastions liés à l'assignation de genre, les mœurs et les usages se métamorphoser. Mademoiselle est morte administrativement, le sexe neutre, troisième genre, fait son chemin par l'Allemagne. Pour autant tout le monde souhaite ardemment se reproduire.

Je fais partie de 4,3 % de la population française. Je n'écris pas d'un segment comme qui dirait porteur. Minorité risible, néanmoins juste meuf, que femme, puisque non-mère. Qui n'existe que pour elle-même. Trouver des raisons de vivre, puisque pas obligée.

Avoir 45 ans, sa première partie de vie outrageusement derrière, forcée d'être lucide. Somme de ce qui fut créé, désiré, accompli. Avoir 45 ans, c'est accepter ce qu'on est, et en tirer parti, pour éviter d'avoir à conjuguer trop fort le verbe renoncer.

La quarantaine est l'ère de la négociation entre soi et le réel. Admettre ses propres limites. Et ses motivations, ses secrets mécanismes. Différencier le désir et ce qui en est l'objet. Pourquoi on est devenue, ou pas, celle qu'on voulait. Pourquoi on voulait l'être. Comment on s'y est prise. Les acquis, les surprises. Somme des leçons apprises et des cycles traversés.

Faire le deuil pour de vrai d'un tas de rêves de jeune fille. Je ne parle pas de la princesse qui retouche ses racines, encore moins d'un chevalier atteint d'alopécie. Plutôt du mythe de la guerrière. Parce que être guerrière, c'est important, on a appris l'*empowerment*, être une femme forte, c'est nécessaire. Mais parfois, c'est bien de déléguer. D'autant que je suis certaine que du temps des amazones ce n'étaient pas elles qui montaient l'étagère Ikea. 45 ans c'est l'âge où on ne perd plus de temps. Ce qui ne signifie pas qu'on a fait le deuil de soi. Seulement qu'on ne croit plus aux fables de l'antique superhéroïne.

Le mythe de la guerrière mis à jour, c'est Buffy. Parfaitement. La Buffy de *Buffy the Vampire Slayer*. Elle a beau être l'élue, la superhéroïne, la constitution de son identité passe par le collectif. Les guerrières du passé, les tueuses sont mortes d'être seules. Buffy, c'est une bande mixte, puis une communauté sororale de jeunes tueuses. Le partage du pouvoir, la question de la transmission sont au cœur des enjeux de la dernière saison.

La sororité est inexistante dans l'imaginaire collectif. Le test de Bechdel : trouver une œuvre de fiction avec au moins deux femmes qui parlent ensemble de quelque chose qui est sans rapport avec un homme. Avouez que c'est compliqué au-delà du schéma culte de *Thelma et Louise*.

C'est pour ça que j'ai tant foi en la quatrième vague. Ensemble, femmes ordinaires, une armée de guerrières, de leur vie les héroïnes, qui savent que du collectif vient le superpouvoir.

Connaître ses propres limites. Se protéger soi-même. Anticiper les failles et les rengaines toxiques. Savoir dire non souvent, y compris à soi-même. S'autoriser le droit de se réinventer, de modifier de sa vie le moindre paramètre. Être capable de se dire que l'on reste une guerrière parce qu'on choisit ses armes, ses batailles, ses conquêtes. Que son intégrité, au contact des années, ne s'est pas trop dissoute. Avoir 45 ans, c'est surtout ne plus avoir le droit de se reposer. Sous peine d'être déjà morte, si trop seule, enterrée.

Avoir 45 ans et être célibataire, être de celles qui préfèrent tellement être encouplées. Celles dont déjà les lèvres s'effondrent sous les ridules, qui se demandent si encore oseront venir des baisers. Être de celles qui veulent absolument être libres mais que la solitude, en vrai, fait suffoquer. Avoir 45 ans, c'est également admettre qu'on n'est pas cohérente et qu'il faut faire avec.

Je n'ai pas souhaité de descendance, mais fais vœu de transmission. Faire passer quelque chose, vécu, informations, sans posture verticale, héritage, maîtres, disciples. L'élève tuera le maître, à quoi bon rejouer l'histoire, on la connaît par cœur et elle ne mène à rien.

C'est pour ça que j'écris ce livre. Sans bâton de parole, former un cercle de femmes, toutes saisir l'occasion. Le patriarcat bande mou et le matriarcat a les ovaires en feu. Ni papa ni maman, pas mon enfant : ma sœur. Un lien égalitaire, un lien horizontal. Qui fait communauté, sororité active. Parce que femmes, jamais seules, et plus que jamais debout.

Pour une sororisation générale

Nous vivons dans une société pensée par et pour les hommes. Rapportées à la population, les femmes en représentent pourtant un peu plus de la moitié. Une moitié plus précaire, soit. Mais aujourd'hui non asservie, suffisamment indépendante, autonome, plus que nos aînées. La première vague a fait les lois, la deuxième a libéré nos ventres, la troisième a tué grand-papa, la quatrième s'attaque aux mœurs, aux us et aux coutumes.

Un travail de terrain, vigilance quotidienne. Le sexisme ordinaire est gluant et diffus, nous y sommes habituées, on ne le remarque même plus. Le temps d'un buzz se souligne un regrettable phénomène, manspreading, mansplaining, manterrupting. Durant quelques semaines les mecs se tiennent à carreau. Et puis dans le métro de nouveau ils s'affalent, syndrome couilles de cristal avec la canicule il faut bien les aérer, aux terrasses des cafés de nouveau ils déclament, certains de leur bon savoir, colons paternalistes, pour partout comme toujours nous couper la parole. Confisquer les espaces, ça reste clairement leur truc.

L'instinct de propriété est chevillé à la bite, je crains qu'on n'y puisse rien. Ils possèdent leur maison, ils possèdent leur famille. Ils possèdent la nation et ses espaces publics. Dans les rues de Paris s'érigent des pissotières puisque, c'est bien connu : l'homme a une petite vessie, c'est pire qu'une femme enceinte.

Ils possèdent le langage et ils contrôlent la langue. Croient-ils. Féminiser les mots dès que l'occasion se présente, le français est une langue vivante, de la population qui le parle nous constituons plus de la moitié. Se battre pour que le masculin ne l'emporte plus sur le féminin, ça passe par la grammaire. Mille femmes et un seul homme, on dit : ils sont contents. Un seul homme et mille femmes, là encore, ils sont contents. C'est un peu compliqué de se penser égale quand les dés sont pipés et que la langue est fourchue.

Ce qui n'est pas nommé n'existe pas, la règle de proximité est une urgence à imposer. Et pourquoi pas le pronom neutre. *Iel, iels*. L'absence de distinction de genre dans le iel fait de lui un pronom militant, le iel vient de la troisième vague. Au pluriel iels peut être pratique, iels plutôt que ils pour dire : les gens, désigner une foule, un groupe mixte. Mais reste toujours l'accord, est-ce que iels sont contentes, au final, ou contents.

L'usage est maître en son palais, la langue est vivante et à nous. Nous sommes un réel qui se nomme, s'accorde et se conjugue. Nous réalisons la sororisation.

La sororisation, c'est l'action de sororiser, sororiser c'est rendre sœurs. C'est créer, par la qualité des liens, une relation qui amène à l'état de communauté féministe. Une communauté soudée, animée par la même volonté de déjouer les stratégies paternalistes et la violence sexiste ordinaire, terreau fertile aux viols et aux uxoricides.

La sororisation, c'est aussi former le cercle qui enserre le réel pour le modifier tout de suite. Le rendre respirable, éradiquer les pressions et tensions dans la pièce. Empêcher toute suprématie couillidienne de s'établir. Un pacte tacite et immédiat. Un pacte de non-agression, très concrètement, pour commencer.

La sororité implique une démarche consciente, un rapport volontaire à l'autre. La sororité relève de l'intime et du public. Parce que, dans le privé, faut quand même pas charrier, on a toutes des frangines sur qui on peut compter, avec qui on fait bloc, des piliers dispersés, un socle ou une grosse team. La sororité s'est toujours pratiquée, faire bande, ce n'est pas le plus difficile. Le plus difficile en tant que femme, c'est de modifier le regard que l'on pose sur une fille. La méfiance, l'ironie protectrice, les tests. Ce qu'on se dit dans sa tête, les tout premiers réflexes. Ce qui va alimenter la dissolution de la sororité au contact de l'espace public, ensuite, aussi.

Pour ça, faire acte de confiance. La même confiance a priori que l'on a en l'absence du corps, en ligne, dans un espace virtuel, envers une amie inconnue. De l'empathie, se mettre à sa place. Bien des fois l'autre femme aussi a peur. Envoyer des signes bienveillants. Ne jamais tirer la première. Vérifier que le scud n'est pas une maladresse. Dans ce cas, et seulement dans ce cas alors, le droit d'atomiser en appliquant le choc en retour. La sororité, c'est pas non plus marchez-moi dessus, mesdames, on n'est pas chez mémé.

Nous subissons cette société, parce que affaiblies par la rivalité, l'agression par réflexe, et surtout la violence, dont peuvent faire preuve auprès des plus faibles les femmes devenues fortes, celles qui s'en sont sorties. Exercice du pouvoir et absence d'empathie. Souvent par ailleurs mères, elles se refusent à être sœurs. À noter également que le syndrome de la Schtroumpfette fait encore des ravages indépendamment de l'âge et du type de milieu.

Néanmoins, ne jamais oublier : on ne naît pas mamatrone, on le devient. Ancienne victime devenue ogresse, de s'être débrouillée seule, son cœur peut être tanné.

La sororité est une attitude. Ne jamais nuire volontairement à une femme. Ne jamais critiquer publiquement une femme, ne jamais provoquer le mépris envers une femme. La sororité est incluante, sans hiérarchie ni droit d'aînesse. Cercle protecteur, horizontal.

Le mouvement #MeToo a été, et sera, régulièrement parasité ou tenté d'être mis à mal. Attaques directes, mise en cause de personnalités adhérentes. Ne pas alimenter les polémiques est une réaction rationnelle. #MeToo porte la multitude et n'a pas besoin de porte-parole. La quatrième vague est une révolution par les us et coutumes, et elle a pour élues toutes les générations.

Il existe et existera des affaires déprimantes et sordides où le bourreau est une voisine, une collègue, une icône, voire un modèle académique. Soyez déçues mais rappelez-vous : il s'agit ici de rapport au pouvoir, c'est juste un infime pourcentage des cas. Les décrier n'est pas l'urgence, l'urgence reste le papatronat qui bute une femme tous les trois jours.

Badaboum Manifesto (Propositions d'actions concrètes et agréables)

La quatrième vague est visible, ce qu'il faut c'est l'entretenir, la gorger, la nourrir ; pas se contenter de surfer dessus. La déferlante peut être fragile, l'occasion historique manquée.

Pour ça il va falloir œuvrer au-delà de l'écran et du clavier. Le décalage entre le Dire et le Vécu est encore abyssal, il faut que se poursuive l'essor pour que s'affirme le tsunami.

Intime, privé, public, des astuces à trouver. Pour « l'avènement d'un monde féminin, décomplexé, fun et trippant », cela va de soi. Neutraliser la gaudriole, conserver le sens de la rigolade.

Les Français sont de grands enfants, le jeu est la meilleure des armes. Puisqu'il s'agit au fond d'un jeu de société, redistribuer les cartes, changer la forme des pions, se déplacer sur le plateau, inventer d'autres règles, modifier les enjeux.

Le jeu du Badaboum est un vieux jeu d'adresse et d'équilibre, le but est d'empiler des pièces de bois jusqu'à la chute. La pièce de trop, et badaboum.

Lorsque sur le plateau social un représentant du papatronat empile les remarques sexistes ou paternalistes, les joueuses en présence ont pour but de lui faire perdre l'équilibre en ponctuant chacune de ses saillies d'un « badaboum ».

Je sais que là, vous vous dites : quelle idée à la con. Je vous comprends, vraiment, je vous avoue que moi-même, sur le coup, j'ai hésité. Mais je l'ai testé pour vous, avec quelques copines. Tu la sens bien, chéri, ma grosse déconstruction. Certaines préfèrent dirent « papaboum ». À partir de deux joueuses. Peut se pratiquer partout. Au bureau et surtout dans les dîners de famille.

Un programme d'action est possible, sans être trop organisées. Quelques règles seulement, un savoir-vivre, nouveau folklore, us et coutumes. Non plus pouet-pouet, mais badaboum, sans les toucher, ça nous changera.

S'allier en un regard. Intervenir dès lors qu'une femme est en danger, insultée, agressée, harcelée dans un espace public. Les transports en commun, l'open space dans lequel on travaille, l'escalier de son immeuble où s'effondre la voisine. Une connivence tacite, communauté complice aux liens indéfectibles.

Faire le deuil du bitchage et des guerres clandestines. C'est un vrai sacrifice, c'est un peu comme Buffy, la mort est notre cadeau. Et la phallocratie est un mauvais objet tellement plus adapté. De même on évitera d'employer le terme connasse, même si on le pense très fort. Ce n'est pas de la censure, c'est juste un petit effort. Le coût d'un trait d'esprit au profit d'autre chose, quelque chose de nouveau. Pour que toutes, de notre vie, nous soyons les héroïnes.

Appliquer à soi-même le test de Bechdel, parler chaque jour avec des femmes de quelque chose qui est sans rapport avec un homme. Attendu que vous ne pouvez pas dire du mal d'une autre femme, vous devez de part et d'autre être plus créatives. Peut-être plus sincères, aussi. Dépouillées des habits de la conversion, partager ce qui vous occupe. NB : les enfants ça ne compte pas, c'est comme la météo.

Ne plus avoir peur de rien, désormais, puisque unies. Le patriarcat s'effrite, qui sont vraiment ces hommes qui nous maintiennent à genoux ? Observez bien l'espèce nommée baby boomers. À droite la main de ma sœur dans la culotte du zouave, à gauche les barricades cimetière des éléphants. Bientôt à la retraite, les derniers mâles alpha courent après l'infirmière en déambulateur. D'ici une décennie tout sera modifié. Entretemps, chaque jour, faire face à leurs pulsions en se dressant en groupe. Rien n'est plus efficace que l'intimidation.

Les fictions virilistes, même les hommes n'en veulent plus. Pour les plus de 50 ans, il se peut que ce soit foutu, mais ça laisse de la marge. Ma propre génération était adulescente, les trentenaires sont ouverts, les plus jeunes sont des fils. Les us et les coutumes, une question de costume et d'usage du langage.

Rappeler à l'ordre, oui. Après tout il faut bien, pour que se joue l'histoire, qu'il y ait des maîtresses du jeu. Et selon ces nouvelles règles, aucun être vivant ne prononce « ma petite » devant votre prénom. Ni ne dégrade une femme en votre présence sans provoquer votre réaction. La sororisation, c'est une nouvelle partie. Où la victime devient par ses sœurs héroïne, où les femmes sont perçues et traitées dignement.

La sororisation, c'est expérimenter l'idée d'une connivence à l'échelle nationale, débouler badaboum, joyeusement foutre en l'air ce qu'il reste des mâles alpha. Pour l'avènement d'un monde qui mérite qu'on soit dedans.

Je sororise
Tu sororises
Elle sororise
Nous sororisons

Vous sororisez
Elles sororisent
Ils disparaissent
Iels vivent.

Table

Du même auteur

Les Mouflettes d'Atropos
Farrago, 2000
et « Folio » n° 3915

Le Cri du sablier
Farrago/Léo Scheer, 2001
et « Folio » n° 3914

Mes week-ends sont pires que les vôtres
Néant, 2001

La Vanité des somnambules
Farrago / Léo Scheer, 2003

Monologue pour épluchures d'Atrides
cipM/Spectres familiers, 2003

Corpus Simsi
Léo Scheer, 2003

Certainement pas
Verticales, 2004

Les juins ont tous la même peau.
Rapport sur Boris Vian
La Chasse au Snark, 2005
et « Points » n° 2055

J'habite dans la télévision
Verticales, 2006
et « J'ai lu » n° 8856

Chanson de geste & Opinions
en collaboration avec Pascal Pinaud
Musée d'Art contemporain du Val-de-Marne, 2007

La Dernière Fille avant la guerre
Naïve, 2007

Transhumances
è®e, 2007

La nuit je suis Buffy Summers
è®e, 2007

Éden matin midi et soir
Joca Seria, 2009

Narcisse et ses aiguilles
L'une & l'autre, 2009

Dans ma maison sous terre
Seuil, 2009

Au commencement était l'adverbe
Joca Seria, 2010

La Règle du Je. Autofiction, un essai
PUF, 2010

Le Deuil des deux syllabes
L'une & l'autre, 2010

Une femme avec personne dedans
Seuil, 2012

Perceptions
avec Ophélie Klere et François Alary
Joca Seria, 2013

Où le sang nous appelle
avec Daniel Schneidermann
Seuil, 2013

Vous aimez beaucoup voyager
avec Ophélie Klere et François Alary
Éditions du Cimetière, 2015

Alienare
en collaboration avec Franck Dion
et Sophie Couronne
Seuil, 2015

Les Sorcières de la République
Seuil, 2016

RÉALISATION : NORD COMPO À VILLENEUVE-D'ASCQ
IMPRESSION : NORMANDIE ROTO IMPRESSION S.A.S À LONRAI
DÉPÔT LÉGAL : MARS 2019. N°134711-10 (2001116)
IMPRIMÉ EN FRANCE